우간다에서
23년

믿음이란 한 알의 밀알이 땅에 떨어져 죽음으로 많은 열매를 맺음과 같이 진리의 열매를 위하여 스스로 죽는 것을
뜻합니다. 눈으로 볼 수는 없으나 영원히 살아 있는 진리와 목숨을 맞바꾸는 자들을 우리는 믿는 이라고 부릅니다.
「믿음의 글들」은 평생, 혹은 가장 귀한 순간에 진리를 위하여 죽거나 죽기를 결단하는 참 믿는 이들의, 참 믿는 이들을
위한, 참 믿음의 글들입니다.

우간다에서 23년

유덕종

코이카
최초
파견의사의
해외봉사
일지

우간다 국기. 우간다를 상징하는 새인 우간다 크레인(Uganda Crane)이 그려져 있다.

★ 영국의 수상이었던 윈스턴 처칠이 1907년 우간다를 방문한 후 이름다운 자연에 감탄해 '아프리카의 진주'라는 표현을 처음 썼다. 우간다 일간지 《데일리 모니터》에 따르면 당시 그는 수상이 되기 33년 전인 33세 때 예 증기선으로 우간다를 방문해서 카누와 보트, 자전거 등을 이용해 돌러보았다고 한다.

들어가는 말

아프리카는 푸른 대륙이다

많은 학자가 인류의 미래는 아프리카에 달려 있다고 여긴다. 개발할 곳이 지천이기 때문이다. 반면 아프리카에 대한 편견도 많다. 흔히 아프리카를 검은 대륙이라고 부른다. 왜 그럴까? 아마도 흑인들이 사는 곳이어서일 것이다. 또 아프리카가 뉴스에 오를 때마다 좋지 않은 소식들이 전해지기 때문일 것이다. 기아와 내전으로 얼룩지고, 에이즈·에볼라 등 무서운 질병이 창궐하는 곳. 이것이 우리의 눈에 비치는 아프리카다.

하지만 아프리카는 푸른 대륙이라고 불려야 마땅하다. 사바나 지역을 비행기로 지나가며 내려다보면 건기에는 누르스름할 때도 있지만 우기에는 푸른빛을 띤다. 사하라 사막처럼 유명한 사막들이 있어, 그곳들을 생각하면 사막 색이 연상될 것이다. 하지만 전형적인 아프리카인 열대우림 지역은 1년 내내 푸르다. 말 그대로 생태계의 보고다. 다양한 식물과 동물들이 넘쳐난다. 우리들의 인식과 달리 우간다도 자연 그대로의 아름다움을 간직하고 있다. 아프리카의 진주(Pearl of Africa)!★ 우간다를 일컫는 별명이다. 안타깝게도 내전과 독재로 인한 부정부패 같은 많은 문제가 산재해 있지만, 자연은 태곳적 모습을 간직하고 있다. 이 아름다운 곳을 어찌 말로 표현할 수 있을까.

또 아프리카라고 해서 다 기아와 빈곤에 시달리는 것은 아니다. 적어도 남아프리카공화국은 보기에는 어느 선진국과 비교

해도 뒤떨어지지 않는 인프라를 갖췄다. 그런데 멀리에서 보는 사람들은 그 차이를 모른다. 아프리카가 마치 한반도처럼 자그마한 지역인 줄 아는 사람들도 있다. 한번은 한국을 방문한 후 우간다로 돌아오려고 하는데 어떤 분이 공항으로 와서 말라위에 사는 분에게 전달해달라며 가방을 부탁한 적이 있었다. 이것은 미국에서 한국으로 가는 사람에게 같은 아시아이니까 홍콩에 있는 사람에게 전달해주라며 가방을 부탁하는 격이다. 아프리카는 거대한 대륙이다. 쉽게 논할 수 있는 곳이 아니다. 사실 나도 20여 년 넘게 살아온 우간다에 대해서도 다 알지 못한다. 우간다만 해도 50여 개의 언어가 있고, 지역마다 기후나 생활양식이 다르기 때문이다. 이 거대한 대륙을 '아프리카'라는 단어로 뭉뚱그려 바라보는 것을 경계해야 한다.

우간다는 내가 어렸을 때의 한국을 떠올리게 한다. 전기와 수도 등 기본적인 인프라가 취약하고 의료와 치안 등 필수적으로 갖추어져야 할 요소가 턱없이 부족하다. 우간다에 비하면 한국은 파라다이스에 가깝다. 그럼에도 감사할 줄 모르고 스스로 불행하게 살아가는 분이 많은 것 같다. 그런 분들에게 우간다를 한번 방문해보라고 추천하고 싶다.

10년이면 강산이 변한다는데, 두 번의 강산이 변하는 동안 이루어진 일들을 한번쯤 정리하는 작업이 필요하다는 생각이 들었다. 개인적으로는 지금까지 되어온 일을 정리하는 것이고, 아이들에게는 자신들이 어렸을 때 어떤 일이 있었는지 알 수 있는 것이요, 아프리카에서 봉사하는 삶을 꿈꾸는 분들에게는 간접 경험을 제공하고 어떻게 준비를 해야 하는지 조그마한 가이드가 될 수 있을 것이다. 특히 코이카를 통해 봉사를 준비하는 사람들에게 도움이 될 것이다. 결국 이 글은 지난 23년의 우간다 생활 가운데 19년간 함께해준 코이카 덕분이기도 하다. 코이카에 감사를 드린다.

마지막으로 한마디 하자면, 이 책은 내 개인적인 경험이므로 편견이 들어갈 수 있다. 하지만 여러 개인이 모인 것이 사회가 되기에 한 개인의 경험이 쌓이면 어느 정도 그 사회의 모습이 그려지리라 생각한다. 조심할 것은 이 기록은 우간다에 한한 나의 조그만 경험일 뿐이지, 아프리카에 대한 경험이라고 감히 말할 수 없다는 것이다.

2016년 3월

차례

새로운 비전을 품다

열악한 일상에서 발견한 행복

의대 설립을 추진하다

**32세 젊은 의사,
우간다로 떠나다**

코이카 1기
정부파견의사

중고등학교 시절, 일찍이 인생은 허무하다는 생각에 사로잡혀 있었다. 나름대로 의미 있는 삶에 대해 고민하다 막연히 슈바이처처럼 아프리카에서 봉사하는 삶을 살면 좋겠다는 생각이 들었다. 대학생 시절 인생의 전환점이 찾아왔다. 기독교인이 된 것이다. 이로 인해 아프리카를 향한 꿈이 분명해졌다. 의대 졸업 후 내과 레지던트를 하는 동안 아프리카에 함께 갈 수 있는 아내를 만나 결혼했다.

레지던트 수련을 마친 후 군의관으로 입대했다. 원주에 있는 모 사단과 대구 국군간호사관학교에서 근무했다. 국군간호사관학교 치료실장으로 근무할 당시 학교장이 간경화로 고생하는 남편을 위해 경북대학교병원 내과의 간 전문의를 소개시켜달라고 부탁했다. 그때는 전역이 가까운 때였는데, 은사였던 교수님과 연결해드리기 위해 모교 병원을 찾았다. 그때 어느 교수님이 내게 모교에 들어올 마음이 있는지 의사를 타진하셨다. 수련의 시절부터 아프리카에 가겠다고 했기에, 나를 잘 아는 그 교수님은 대학에 들어오려면 아프리카에 가는 것을 포기해야 한다고도 하셨다. 갈등이 들었다. 제대를 앞두고 한 달간 고민했다. 모교로 갈 것인가, 아프리카로 갈 것인가. 결국 원래 계획을 실행하기로 다짐했다.

모교에 들어가지 않기로 결정을 내린 후 안동병원에서 근무하게 되었다. 아내가 대구에 머물러 있어, 매주 두 차례 안동에서 대구로 내려와야 했다. 내가 수련을 받았던 1984년에서 1988

년 당시 수련의들은 박봉에 시달려야 했고, 군의관 월급도 너무 적었다. 가족이 있는 군의관은 도저히 월급만으로 생계를 유지할 수 없었다. 이 때문에 인근 병원에서 야간 당직 아르바이트를 하는 동료가 많았다. 나도 월급을 10만 원만 더 받았으면 좋겠다고 생각했다. 가난 때문에 불행하다고 생각한 적은 없었으나 가난 때문에 불편하다고 느꼈다. 하지만 가난한 성자의 길을 걸어간 프란치스코의 전기를 읽으며 그 생각도 바뀌었다. 가난이 행복일 수도 있음을 깨달은 것이다. 안동병원에서의 수입은 수련의 시절보다 열 배나 많았다. 처음 월급을 받은 날은 그 돈을 가지고 집으로 돌아오는 길에 혹시 강도라도 만날 것 같아 불안했다.

안동에서 근무하던 1991년, 코이카(KOICA, Korea International Cooperation Agency: 한국국제협력단)가 〈의협신문〉에 정부파견의사(이하 정파의) 모집 공고를 냈다. 코이카는 1991년에 창설된 단체로, 이전에 해외개발공사가 진행하던 정파의 사업을 이양받은 것이었다. 1991년 초 정파의 모집 때는 신청자가 한 명도 없었다. 나는 같은 해 말에 두 번째로 낸 모집 공고를 본 것이었다. 코이카 정파의 1기에 세 사람이 지원했다. 부산대 출신 진 선생님, 경희대 출신 이 선생님, 나까지 모두 내과 전문의였다. 부산에서 오신 진 선생님은 연세가 좀 드셨고, 이 선생님은 나보다 연배가 조금 높았다.

면접을 보기 위해 대학로에 있는 코이카 사무실로 갔을 때, 면접관이 정파의로 지원하게 된 동기를 물었다. 나는 가난한 나라를 돕는 것을 평소에 꿈꾸고 있었고 내 신앙에 기초한 사랑의 실천이 목적이라고 답했다. 면접관들은 소신 있는 발언을 듣고 나를 격려해주었다. 당시 코이카에 정파의를 파견해달라고 신청한 아프리카 나라가 7~8개국 되었다. 진 선생님과 이 선생님께 먼저 가고 싶은 나라를 택하라고 권하니 두 분 다 어느 나라든지 상관없다고 하셨다. 그래서 내 마음에 드는 나라를 고를 수 있었는데, 문제는 당시에는 아프리카에 대한 정보가 너무 없었다는 것이었다.

아프리카에 있는 나라들을 모두 막연히 열사의 나라들이라고 생각하고 있었다. 백과사전에도 필요한 정보가 거의 없었다. 그나마 PC글로브라는 컴퓨터 프로그램이 도움이 됐다. 각 나라의 인구·기후·사용 언어·주된 수입원 등 기본 정보를 알려주는 프로그램이었다. 이들 정보가 선택에 도움을 주었다.

먼저 외과의사를 원하는 에티오피아와 전혀 공부한 적도 없는 프랑스어 사용 국가를 제외했다. 결국 우간다와 나미비아, 스와질란드로 좁혀졌다. 친분이 있던 목사님의 조언에 따라 이들 나라 가운데 인구가 가장 많은 나라를 골랐다. 우간다였다(당시 인구 1700만 명). 진 선생님은 스와질란드로, 이 선생님은 나미비아로 가시게 되었다. 정파의는 2년마다 계약을 연장해야 하지만, 정파의 쪽에서 특별한 문제를 일으키지 않으면 65세까지 계약을 연장할 수 있다는 설명을 들었다.

파견되기 전에 열대병 교육이 있었다. 열대병 교육은 코이카 본부 가까이에 위치한 서울대학교 기생충학 교실에서 했다. 열대병 종류가 그렇게 많을 줄이야. 교수님들 중 한 분이 말씀하셨다. 1960~70년대 중동 개발붐이 일어났을 때 많은 근로자가 중동에 진출했는데 당시 어느 분이 이들을 보내기 전에 열대병 교육을 시켜야 한다고 상부에 건의했다고 한다. 하지만 상부에서는 그 병들을 다 알면 누가 가려고 하겠느냐며 열대병 교육 건을 묵살했다고 한다. 의대 시절 병리학을 공부할 때 세상에 엄청나게 많은 질병이 있다는 사실을 알고 놀랐는데, 열대병도 마찬가지였다.

열대병 가운데 가장 흔한 것이 말라리아인데 지금도 매년 100~150만 명 정도가 이 병으로 사망한다. 그래서 열대병 교육은 특히 말라리아에 집중되어 있었다. 나도 혈액도말검사를 통해 말라리아를 진단할 수 있는 능력을 키우기 위해 열심히 현미경을 들여다보았다. 물론 현지에 도착해서야 제대로 된 진단 능력을 갖출 수 있었다.

코이카에서는 약 3개월 후에 임지로 갈 수 있다고 해서 안 동병원에는 1991년 말까지 근무한 후 사표를 제출했다. 이 사실 을 들은 사람들의 반응은 크게 둘로 갈렸다. 어떻게 그 힘든 곳으 로 갈 결정을 했으며, 또 학생 시절에 가진 마음이 어떻게 변하지 않았느냐고 대단하다며 격려해주는 분들이 계셨다. 반면 한국에 도 가난한 사람들이 얼마든지 있는데, 또 네 자식들은 어떻게 하 려느냐며 미친놈이라고 하시는 분들도 계셨다.

그런데 1992년 초로 예정되어 있던 파견이 자꾸만 늦추어 졌다. 이미 사표를 낸 직장에 다시 돌아갈 수도 없고, 이러지도 저 러지도 못하여 우간다에 있는 한국대사관에도 연락해보았지만 뾰족한 답을 들을 수 없었다. 우간다에서의 일이 어떻게 진행되는 지 모르는 것은 나나 코이카나 큰 차이가 없었다.

코이카에서는 언제 파견이 될지, 또 정파의 보수가 얼마인 지도 전혀 알려주지 않았다. 담당자는 그냥 기다리라고만 했다. 나중에야 파견이 늦주어지는 수원인이 우간나에 실 집이 마련되 지 않았다는 이유임을 알게 되었다. 한국과 우간다 정부와의 계 약에는 한국에서 의사를 보내면 우간다 정부에서 살 집을 제공 하기로 되어 있었는데 우간다 정부에서 의무를 실행하지 않았던 것이다. 우간다 정부에서 집을 마련해줄 때까지 기다리다가는 언 제 출발할지 알 수 없었다. 더 이상 기다릴 수 없어 일단 우간다 에 가서 집을 찾아보겠다고 했다. 그러자 코이카에서도 부랴부랴 파견 준비를 시작했다. 정파의에게 최대 500달러까지 주택 수당 을 지급한다는 규정이 신설되었고, 주우간다 한국대사관이 그 예산 안에서 쓸 만한 집을 찾아보기로 했다. 그런데 이때 아내가 셋째 아이를 임신했다. 우간다에 열대병과, 더군다나 에이즈 환자 들이 많은 것을 알고 있는데 그곳에서 출산하는 것은 상상할 수 없었다. 결국 아내와 두 딸을 한국에 남겨두고 먼저 출국하기로 했다. 출국일이 1992년 6월 10일로 결정되었다. 출국을 하루 앞 두고 관용여권을 받기 위해 대구에서 서울로 올라갔다. 그런데 갑자기 코이카에서 그날 신문사와 인터뷰를 하라고 했다. 당시 코이카는 갓 일을 시작한 상태라 아직 시스템이 제대로 갖추어지지 않았었다. 모 신문사로 가서 인터뷰를 했는데, 담당 기자는 이미 자신이 미리 써둔 내용을 말하도록 유도질문을 하는 듯했다. 이 의미없는 인터뷰 때문에 예약해둔 기차 시간을 맞추지 못해 부랴부랴 김포공항으로 가야 했다.

우간다로
떠나다

우간다는 동부 아프리카에 위치한 나라로 케냐·탄자니아·
르완다·콩고 민주 공화국·남수단(파견 당시에는 수단)으로 둘러싸
인 내륙국이다. 1962년 10월 영국에서 독립하면서 연방제를 채택
했으나 1967년 10월에 공화국으로 변모했다. 1971년 1월 이디 아
민(Idi Amin)이 쿠데타로 정권을 장악한 후 온갖 악행을 저지르는
바람에 세계에 널리 알려지게 되었다. 특히 1976년 이스라엘 국
적기 납치 사건으로 촉발된 이스라엘 특공대의 엔테베 공항 인질
구출작전으로 세상의 주목을 받았다. 1990년 초반에는 세계에서
가장 에이즈 유병률이 높은 나라로 널리 알려져 있었다.

출국 당일 김포공항에 코이카 담당 직원이 나왔다. 정파의
프로그램을 인계받았을 때 주의받은 것이 있었다고 했다. 정파의
파견은 정파의가 비행기를 타고 출발할 때까지는 파견되는 것이
아니라는 것이었다. 파견 날짜까지 잡아놓고도 중간에 변경되는
경우가 많았다고 했다. 어떤 경우는 파견 당일에 김포공항에서 정
파의 부부가 서로 싸움을 한 후 파견을 취소하는 일도 있었다나.
그 직원을 통해 비로소 정파의가 받는 보수를 알게 되었다. 안동
병원에서 받던 수입의 3분의 1 정도였다.

여행 경로는 부모님을 뵙기 위해 미국을 경유해 우간다로
가도록 잡았다. 부모님은 내가 의대 재학 중일 때 미국으로 이민
가셨다. 아버님은 내가 의대를 마친 후 미국으로 건너오기를 바
라셨다. 그런데 엉뚱하게 고생길이 훤한 아프리카로 간다고 하니
처음에는 많이 힘들어하셨다. 하지만 결국은 아들을 이해하고 자

랑스러워 하셨다. 이때 미국을 경유해 우간다로 가는 것이 첫 해외여행이었다. 미국에서 오랜만에 부모님과 형제들을 만났다. 부모님은 우간다에 먹을거리가 없을 것 같다며 한국음식 재료들과 깻잎 김치를 담아주셨다. 미국에서 영국항공을 타고 영국을 거쳐 우간다로 가게 되었다. 런던 히드로 공항에서 19시간을 기다려야 했는데 영어도 짧고 첫 해외여행이라 혼자 공항 밖으로 나갈 엄두가 나지 않아 그냥 공항 안에 있었다. 이때가 여름이었는데, 공항 안에 에어컨을 얼마나 세게 틀어놓았는지 너무 추웠다. 드디어 탑승 시간이 되어 우간다로 향하는 항공기에 오르니 환경이 싹 바뀌었다. 비행기도 엄청 낡았고, 승객 대부분도 흑인이었다. 드디어 다른 세계로 간다는 게 실감됐다.

거미줄이 쳐져 있는
국제공항

1992년 6월 20일 우간다에 도착했다. 비행기가 고도를 낮추어 엔테베 공항에 접근할 때 창문 아래를 보니 바다처럼 거대한 호수가 보였다. 아프리카 최대이고, 세계 2위의 호수인 빅토리아 호수였다. 불현듯 말라리아와 에이즈에 대한 두려움이 생겼다. 기도를 드리며 용기를 구했다. 공항에 도착하니 곳곳에 무장한 군인들이 서 있어 살벌한 느낌이었다. 당시 엔테베 공항은 국제공항이었지만 청사 규모가 작고 시설이 형편없었다. 한국의 시골 기차역보다 못해보였다. 공항 천정은 방음마이 여러 군데 깨져 있어 시커먼 속살을 내어놓고 있었고 온통 거미줄이 쳐져 있었다. 거미줄에는 날벌레가 많이 걸려 있었고 거미들이 열심히 움직이고 있어 당장이라도 머리 위로 거미가 떨어질 것 같았다. 유리창들도 절반 넘게 깨져 있었고, 그 사이로 제비들이 들어와 날아다니고 있었다. 청사 구석에는 다 떨어져 구멍이 난 소파들이 몇 개 보였다. 이것이 국제공항이라니.

공항에는 주우간다 한국대사관 외교관들이 마중 나와 있었다. 이분들 덕분에 처음이자 마지막으로 엔테베 공항 VIP 라운지를 사용할 수 있었다. VIP 라운지도 시골 같기는 마찬가지였다. 그래도 천정은 멀쩡했고, 소파들도 구멍 나지 않았다. 수화물 짐표를 주자 공항 직원이 내 짐을 찾아서 VIP 라운지까지 가져다 주었다. 엔테베 공항에서 수도인 캄팔라로 오는 도로인 엔테베로드는 엉망이었다. 포장 상태가 나빠 곳곳에 구멍이 파여 있었고, 갓길이 없는 왕복 2차선 도로여서 무척 위험해보였다. 영연방에

지금은 UN에서 사용 중인 구 엔테베 공항.
오른쪽 언덕 위에 보이는 건물은 새로 건축한 대통령궁이다.

속한 다른 나라들처럼 우간다에서도 차량이 왼쪽으로 통행하기 때문에 더욱 위험하게 느꼈으리라. 하지만 요즘처럼 교통이 혼잡하지 않아, 승용차는 한적한 엔테베로드를 막힘없이 달렸다. 캄팔라에 접근하면서 언덕을 넘으니 캄팔라 시내가 내려다보였다. 수도인데도 고층빌딩은 겨우 서너 개뿐이었다. 현재 캄팔라에서 가장 크고 높은 빌딩인 국가사회보장기금(National Social Security Fund) 건물은 당시에는 골조 공사만 마치고 방치되어 앙상한 모습을 보이고 있었다.

한국의 소도시보다
못한 수도

캄팔라에 도착해 바로 대사관저를 들렀다. 대사님을 만나 인사드렸는데 무척 반갑게 맞아주셨다. 내가 출국 직전에 한 인터뷰 기사를 읽었다며 우간다에 좋은 일을 많이 해달라고 격려하셨다. 이때 파파야가 나왔는데 약간 구린 냄새가 났지만 달콤한 과일이었다. 이 과일은 이후 가장 자주 찾는 과일이 되었다.

한국에서 미국을 거쳐 우간다로 오는 열흘 사이 대사관에서 내가 살 셋집을 구해놓았다. 당시 대사관저가 캄팔라 외곽에 위치한 무웬가 지역에 있어 대부분의 한국 교민이 그 주변에 살고 있었다. 대사관에서 나를 위해 마련한 집도 인근인 칸상가 지역에 있었다. 그런데 집을 처음 본 순간 감옥 같다는 생각이 들었다. 우간다에는 도둑과 강도가 많아 모든 문과 창문에 쇠창살을 설치해두기 때문이었다. 처음 살았던 그 집은 거실과 침실 사이에도 철문이 있었다. 그 문을 닫으면 영화에서나 들을 수 있는, 감옥 문을 열고 닫을 때 나는 텅 하는 소리가 났다. 물론 대문과 집에 들어가는 현관문, 침실에 들어가는 철문 등 모든 문은 자물쇠로 채워두어야 했다. 이들 문들은 대부분 쇠창살로 되어 있었는데 나중에 우간다에 온 우리 아이들이 그 쇠창살을 타고 놀았다.

당시는 우기였다(지금은 세계적인 기상 이변으로 인해 우기와 건기가 불규칙해졌다). 한국에서 떠나올 때 우간다는 열대지방이니 당연히 더울 것이라고 생각해 얇은 담요 한 장만 가져왔었는데 날씨가 제법 서늘했다. 마침 한 교민이 양털 담요를 판매하고 있어서 바로 구입했다. 우간다에서의 첫날 밤은 지금도 잊을 수 없다.

쇠창살을 타고 노는 아이들.

침대 위에 우간다에서 산 담요를 깔고, 한국에서 가져온 얇은 담요를 덮고 잤는데 한밤중에 비가 내렸다. 처음 경험하는 스콜이었다. 천둥이 치고 비가 앞이 보이지 않을 정도로 쏟아져 마치 하늘에 구멍이 난 것 같았다. 담요를 머리 위까지 뒤집어썼지만 너무 추웠다. 새우처럼 움츠리고 벌벌 떨어야 했다. 열대지방의 첫날밤을 추위로 지새웠다면 누가 믿을까? 비는 오래 오지 않았다. 약한 시간 후 비가 그치자 멀리서 총소리가 들리기 시작했다. 한국에서는 군대 시절에나 들었던 그 소리였다. 그리고 사방에서 개 짖는 소리가 들렸다. 우간다 개들은 마치 늑대처럼 울부짖는다. 피곤했지만 추위와 총소리, 개 짖는 소리 때문에 거의 잘 수 없었다.

이튿날은 주일이었는데 마침 우간다 한국 교민들의 소풍날이었다. 내가 온 것을 환영하는 자리라고 했다. 교민 한 분이 흰색 벤츠로 나를 데리러 오셨다. 그 차를 타고 빅토리아 호숫가에 있는 한 수녀원으로 갔다. 호변에 있는 나무 그늘 아래에서 교민들이 다 힘께 점심을 먹으며 많은 대화를 나누었다. 당시 우간다에 있는 교민 수는 많지 않았다. 대사관 직원까지 모두 합해 30명 정도였다. 교민들은 무용담을 들려주었다. 대부분 강도를 당한 경험에서 나온 것이었다. 어떤 분은 도둑이 창문을 뚫고 들어와서 창문을 보강해놓으니 다음번에는 담을 부수고 들어왔다고 했다. 다른 분은 지붕을 뚫고 들어온 도둑에게 털린 이야기를, 또 다른 분은 대문 앞에서 총을 든 강도에게 차를 빼앗기고 오줌을 지린 이야기를 웃으면서 들려주었다. 이런 경험이 없는 분이 없었다. 외교관들만 그런 경험을 당하지 않은 것 같았다. 당시 우간다는 강도들이 들끓어 치안이 매우 불안했다. 전화기가 제대로 작동하지 않는 경우도 많기 때문에 외교관들은 집과 대사관 1호차에 무전기를 설치해두어 언제든지 연락이 닿도록 해두었다.

한국에서 들었던 아프리카에 대한 정보는 아무리 아프리카라도 수도는 유럽과 비슷하고 수도에서 조금만 벗어나면 황량하다는 것이었다. 그러나 당시 캄팔라는 유럽은커녕 한국의 소도시보다 못했다. 몇 개 없는 고층 건물들은 붉은 먼지를 뒤집어써 황량하게 보였고, 길은 깊은 구멍들로 패여 있어 차가 제대로 갈 수 없었다. 한국대사관은 우간다 국회의사당 바로 앞에 있었다. 캄팔라의 가장 중심지인데도 길이 험하여 차가 엉금엉금 기어다녔다. 1단 기어를 넣은 채로 클러치를 밟았다 떼었다를 반복해야 했다. 당시 길에서 똑바로 가는 차들은 술 취한 운전자가 운전하는 차들뿐이었다. 길거리에 다니는 차들도 워낙 오래된 것들이어서 무척 위험해보였다. 사람들이 고장 난 차를 밀고 있는 모습은 매일 보는 광경이었다. 특히 비가 내린 후에는 많은 차가 길가에 퍼져 있었다. 캄팔라에서 운행되고 있는 차들은 90퍼센트 이상이 중고 토요타였다. 일본도 영연방 국가와 같이 좌측운행을 하기 때문에 운전석이 오른쪽에 있는데다 차들도 튼튼하고 저렴해 아프리카인들의 구미에 맞았기 때문이다.

길거리에 드문드문 가게들이 있었지만 건물들은 초라했고 가게 안에 물건이 거의 없었다. 우간다에서 팔리는 물건들은 대부분 케냐를 거쳐 육로로 들어오는데 도로 사정이 좋지 않고 치안이 불안해 제대로 수입되지 못했다. 이 때문에 어느 상점에 어떤 물건이 있는지 모르는 사람은 제대로 쇼핑할 수 없었다. 캄팔라를 잘 아는 사람이 있어야 효과적으로 쇼핑을 할 수 있었다. 그래서 정착할 당시에는 한국대사관으로부터 많은 도움을 받았다. 한국인 행정 직원은 내가 도착했을 때 이미 2년째 캄팔라에 머물고 있어 그곳을 잘 알았다. 그와 함께 생필품을 사러 다녔다. 그런데 물건을 샀다고 끝난 것이 아니었다. 컵 한 상자를 사서 행정 직원의 차에다 싣고, 다른 물품을 사러 갔다 오니 그 사이 차 안에 두었던 컵 상자가 없어져버렸다. 주차한 곳은 사람들이 많이 다니는 길이었고 차 주위에도 사람들이 많이 앉아 있었지만 모두가 모른 척했다. 그 행정 직원은 다 도둑놈들이라며 화를 냈고, 나는 어이가 없어서 멍하니 서 있었다.

가구들은 집 근처에 있는 목수집에서 만들었다. 칸상가 근처에는 목수집이 많았다. 하지만 목수가 목재를 가지고 있지 않았다. 주문이 들어오면 목재를 구입해서 가구를 만들기 때문에 가구를 주문할 때 목재 값을 먼저 지불해야 했다. 목수는 그 후 목재를 구입해서 가구를 제작한다. 이후 인건비를 지불받는다. 중요한 것은 가구를 주문할 때 목재 값만 주어야지 인건비까지 미리 지불하면 안 된다는 것이다. 이미 돈을 다 받은 목수는 급할 것이 없기 때문이다. 우간다에서 인건비는 대부분 재료비의 3분의 1이었다. 목재 값을 줄 때 목수들은 언제까지 가구를 제작해 놓겠다고 약속한다. 하지만 약속 기한을 지킨 경우는 거의 없었다. 약속한 시간에 가구를 찾으러 가면 핑계들이 많았다. 목재비가 올라서 구입하지 못했다, 갑자기 친척이 사망해서 장례식에 다녀왔다 등등. 그러면서 미안하다는 말도 없었다.

이곳 사람들이 사과하지 않는 이유가 식민지 시대 때 자신의 잘못을 인정하면 엄청난 체벌이 따랐기 때문이라고 하지만 내 생각엔 누구나 교만하기 때문인 것 같다. '미안합니다'뿐만 아니라 '모릅니다'라고 말하는 사람도 보기 힘들다. 이곳에서 길을 가다가 현지인에게 길을 물으면 자신도 모르면서 가르쳐주는 사람들이 대부분이었다. 1990년대 초에는 우간다에 지도가 없었다. 모르는 길을 갈 때는 몇 번이나 물어보는 것이 안전했다. 그렇게 하지 않고 처음에 알려준 곳으로 가면 전혀 엉뚱한 곳으로 가서 다시 돌아와야 하는 경우가 종종 생겼다. 요즘은 지도뿐만 아니라 구글맵까지 있으니 격세지감이다.

외교관들은 시내 중심가에 있는 아폴로 호텔(현 세레나 호텔) 면세점에서 쇼핑했다. 하지만 그곳에도 항상 물건이 있는 건 아니었다. 어쩌다가 괜찮은 물건이 나오면 외교관들도 사재기를 한다고 했다. 당시 우간다는 돈이 있어도 물건을 살 수 없는 곳이었다. 이 때문에 주우간다 독일대사관에서는 대사관 직원뿐만 아니라 우간다에 거주하는 독일인들의 주문을 받아 컨테이너로 물품을 들여오기도 했다. 한국대사관에서도 그렇게 하면 좋겠다고 건의

했더니 불법이라며 안 된다고 했다. 면세로 물품을 들여와 일반인들이 소유하게 되는 것은 탈세라는 것이었다.

　냉장고를 사러 캄팔라 시내 중심가에 갔다. 우간다에서 사용하는 화폐 단위는 실링(shilling)인데 당시에는 실링에 고액권이 없었다. 1990년대 초에 500실링*짜리 지폐가 발행되었지만 시중에서 구하기가 힘들어 대부분 50실링 또는 100실링짜리 지폐를 사용하고 있었다. 냉장고를 사기 위해서 돈을 가방에 가득 넣고 가야 했다. 캄팔라에 새 가전제품을 파는 가게는 없고 중고 냉장고들을 수리해서 판매하는 가게만 있었다. 올드캄팔라에 있는 중고 냉장고 가게로 갔다. 그곳에는 한국에서는 상상할 수 없을 정도로 낡은 냉장고들만 있었다. 그중 하나를 골랐는데 가격이 자그마치 미화 600달러였지만 과연 그 냉장고가 제대로 작동은 할지 의심스러웠다. 확인하기 위해 냉장고 안에 물을 한 잔 넣어두고 작동 스위치를 켰다. 다른 볼일을 보고 한 시간 후에 돌아와 물이 좀 차가워진 것을 확인하고서야 냉장고를 구입했다. 집까지 가져오는 것도 문제였다. 우간다에서는 물건을 사도 배달해주지 않는다. 용달차를 불러 가격을 흥정한 후 집으로 운반해야 했다.

　물건들이 귀한 만큼 물건 값이 일정하지 않았다. 따라서 주인들은 손님의 주머니 사정을 짐작한 후 가격을 불렀다. 한번은 한국에서 우간다로 가져간 잉크젯 프린터의 잉크가 떨어져 카트리지를 사기 위해 시내 곳곳을 뒤졌다. 한 가게에 카트리지가 있는 것을 발견하고 가격을 물어보니 한국에서 파는 가격의 열 배를 불렀다. 너무 비싸다며 가격을 낮추려고 흥정하니 주인은 배짱을 부렸다. 사려면 사고 말라면 말라는 것이었다. 왜냐하면 어느 가게에나 물건이 있는 것이 아니었기 때문이었다. 당시 캄팔라에서 길을 가면 웃으면서 인사하는 우간다 사람들이 많아서 귀찮다는 한국 사람들도 있었는데 가게 주인들은 웃지 않았다.

★ 500실링은 위화 170원 정도(2016년 2월 기준).

동부 아프리카
최고 대학병원

내가 근무하게 된 곳은 물라고 병원이었는데, 이 병원은 올드 물라고와 뉴 물라고로 나뉜다. 올드 물라고는 영국 식민지 시대에 성병을 치료하기 위해 시작된 병원으로 건물이 여러 채가 있지만 모두가 허름한 단층 건물들이다. 뉴 물라고는 6층짜리 대형 건물로 우간다가 영국에서 독립한 해인 1962년에 완공되었다. 모두 합해 1500병상인데, 병상 가동률은 100퍼센트가 넘는다. 환자가 많을 때는 침대뿐만 아니라 병원 바닥에도 환자들이 누워 있기 때문이다. 이 병원은 동부 아프리카 최고 명문인 마케레레 대학교(Makerere University Kampala, MUK)의 부속병원이기도 하다. 지금은 정식 이름이 물라고 국립후송병원이다. 우간다에 국립후송병원이 단 두 개 있는데 정신병원인 부타비카 병원과 물라고 병원이다. 종합병원으로는 물라고 병원이 유일한 국립후송병원이다.

물라고 병원이 설립되었을 때에는 병원장과 거의 모든 과의 과장이 영국인이었다. 병원 시스템도 완벽했다고 한다. 우간다의 시니어 의사들은 당시를 '참 좋았던 옛날'이라고 회상한다. 그 시절에는 환자들이 뇌물을 쓰지 않아도 치료를 받을 수 있었고, 치료에 필요한 기구와 약들도 다 있었다는 것이다. 1970년대 초에 3등 서기관으로 우간다에서 근무하셨던 당시 주우간다 한국 대사님은 1970년대에는 물라고 병원이 하도 깨끗해서 집에서 저녁을 먹은 후에 병원으로 산책을 나오기도 하셨다고 했다.

물라고 병원 첫 방문은 대사관의 이 서기관님과 함께했다.

〈라스트 킹(The Last King of Scotland)〉을 찍을 당시의 물라고 병원.
영화 화면에 나오는 왼쪽 건물만 페인트칠이 되어 있다. 〈라스트 킹〉은 2006년에 영국에서 제작한 영화로,
우간다 독재자 이디 아민 역을 맡았던 포리스트 휘터커는 아카데미 남우주연상을 받았다.

함께 물라고 병원장을 만나 인사를 하고 내과로 갔다. 물라고 병원의 내과 병동은 뉴 물라고 4층에 있었다. 모두 세 개의 병동이 있는데 각 병동은 두 개의 팀이 운영하고 있어 총 여섯 개의 병동 팀이 있는 셈이었다. 내과 과장은 내 전공을 물은 후 그 가운데 한 팀에 배정했다. 그 병동에는 우간다 내과의사 한 명, 독일 내과의사 한 명이 근무하고 있었다. 내가 함께함으로 아프리카와 유럽, 아시아 의사가 있는 국제 병동이 되었다. 우간다의 의료 시스템은 영국식이었다. 내과의사 밑에는 한국의 레지던트에 해당하는 의과대학원생들이 있는데 이들은 SHO(Senior House officer)라고 불린다. SHO 아래에는 JHO(Junior House Officer)라고 불리는 인턴들이 있다. 우간다에서는 의대를 졸업해도 인턴 과정을 마치지 않으면 의사로 인정받지 못하기 때문에 반드시 인턴을 거쳐야 한다. 인턴은 한국처럼 모든 임상과를 도는 것이 아니라, 네 개의 메이저과(내과·외과·산부인과·소아과) 중 두 과에서만 근무하게 된다. 대부분 내과-산부인과 또는 소아과 외과에서 1년간 일하게 된다.

우간다의 전문의 제도도 한국처럼 미국식을 채택한 것이 아니라, 영국식을 채택하여 대학원 석사 학위증이 전문의 자격증으로 인정받는다. 한국에 있을 때 내과에 지원하기로 방향을 잡고 내과 과장님을 찾아갔을 때, 그분은 대학원 석사과정에 들어가라고 하셨다. 원래 석사 과정에 들어갈 마음이 없었지만 과장님의 말씀 때문에 석사 과정에 등록하고 수련의 기간에 그 과정을 마쳤다. 당시에는 쓸데없이 학비만 들어간 것 같았는데, 우간다에 도착해보니 석사 과정을 마치지 않았다면 전문의로 인정받지 못할 뻔한 것을 알게 되었다. 결과적으로 우간다에서 제대로 의료 봉사를 할 수 있도록 도와준 그 과장님께 감사하게 되었다.

한국과 달리 우간다에는 전문의도 여러 등급이 있다. 대학원 석사 자격증을 갓 따면 MOSG(Medical Officer Special Grade)로 임명받는다. 이후 경력이 쌓이면 컨설턴트(Consultant)가 되고, 더욱 경력이 쌓이면 시니어컨설턴트(Senior Consultant)로 진급할 수 있다. 마케레레 대학교에 속한 내과의사는 보건부와는 달리 대학의 직급에 따라 승진하게 된다. 강사(Lecturer)부터 시작해, 시니어강사(Senior Lecturer), 부교수(Associate Professor) 그리고 교수(Professor) 순으로 진급한다. 한국에서는 대학에서 강의를 하는 사람들을 쉽게 교수라고 부르지만 영국 시스템에서는 그렇게 하지 않는다. 부교수부터 자신의 이름 앞에 교수 직함을 사용할 수 있다. 그리고 대학교에 학문적으로 기여하는 사람들에게 명예교수직을 주기도 하는데, 명예교수직도 명예강사(Honorary Lecture), 명예시니어강사(Honorary Senior lecturer), 명예부교수(Honorary Associate Professor) 그리고 명예교수(Honorary Professor)로 등급이 있다.

병원에서 전문의의 업무는 환자 진료와 의과대학생 및 대학원생 교육 그리고 리서치다. 마케레레 대학교에 속해 있거나 보건부에 속해 있거나 공통적으로 해야 할 업무다. 나는 코이카가 우간다 정부와 맺은 계약에 따라 보건부에 속했다. 하지만 정식으로 컨설턴트로 등록된 것도 아니고 방문내과의사(Visiting physician) 신분이었다. 미국 영어에서는 'physician'이 '의사'를 뜻하지만 영국 영어로는 '내과의사'를 의미한다. 우간다에는 외국인 봉사자가 와서 오래 있는 경우가 없기 때문에 병원 측에서 신경을 쓰지 않았고, 나도 어떤 신분으로 일하는지에 별로 관심이 없어 16년 동안 방문내과의사 신분으로 일했다.

그곳에서 업무를 수행하는 데 첫 장벽은 언어였다. 입원 환자들은 대부분 영어를 몰랐고 캄팔라 지역의 언어인 루간다(Luganda)로 말했다. 통역을 통하지 않고는 대화를 할 수 없었다. 그렇다고 영어가 능통한 상태도 아니었는데 우간다 영어는 영국식인 데다가 특이한 우간다식 발음도 있어 알아듣기가 무척 힘들었다. 가방을 '백'이 아닌 '박'이라고 하고 은행을 '뱅크'가 아니라 '방크'라고 하는 식이다. 우간다에 오기 전 한국에서 두 달 동안

다닌 영어학원이 별로 도움이 되지 않는 듯했다. 종교단체에서 운영하는 미션 병원인 멩고 병원에서 일하는 영국 간호사에게 찾아가 영어를 제대로 배워야 했다. 영어로 강의하기까지는 많은 시간이 필요했다.

1년 동안은 강의를 하지 않고 환자만 진료했다. 우간다 의사들은 이런 형편을 잘 이해하지 못했다. 우간다에서는 영어 실력이 학력을 반영한다. 초등학교만 나온 우간다 사람들은 거의 영어를 못한다. 중학교를 마친 사람들은 어느 정도 하지만 '불완전한 영어(broken English)'를 사용한다. 고등학교를 나온 사람들은 일상생활에는 지장이 없을 정도로 영어가 되고, 대학을 나온 사람들은 영미 사람들 못지않은 영어 실력을 갖추게 된다(당시 우간다에서 대학을 나온 사람들은 인구의 1퍼센트 미만이었다). 다행히 같은 병동에서 근무하던 독일 의사가 나의 형편을 잘 이해해주었다. 자신도 영어 때문에 스트레스를 많이 받았다고 했다. 하도 영어가 들리지 않아 귀에 이상이 있는지 이비인후과에 가서 청력 검사를 받기도 했다고 한다. 또 자신의 전처가 한국인인데 독일에서 수십 년을 지냈지만 여전히 '불완전한 독일어(broken German)'를 한다며 한국 사람이 영어 때문에 고생하는 것은 당연하다고 위로해주었다.

지금은 의대가 다섯 곳 있지만 당시만 해도 우간다에는 마케레레 의대밖에 없었다. 또 거의 모든 학생이 정부 장학생이었다(지금은 절반 정도가 정부 장학생들). 따라서 이들은 자부심이 무척 강했다. 스스로를 '선택받은 최고의 엘리트'로 생각했다. 미국이나 영국에 가서 공부하는 우간다인들은 마케레레 대학교에 들어올 실력이 되지 않는데 부모가 부유하기 때문에 유학을 간다고 여겼다. 이들은 같이 근무하는 외국 의사들이 실력이 없다고 여겨지면 대놓고 무시한다. 물라고 병원에 러시아에서 온 의사들이 몇 명 있었는데 이들은 이 때문에 많이 힘들어했다. 나는 다행히도 우간다 의사들에게 실력을 인정받았다. 그래서 자연스럽게 의대에서 강의를 하라는 압력을 받았다. 결국 강의를 하게 되었는데 처음 강의할 때는 무척 스트레스를 받았다. 소수를 대상으로 하는 임상 강의도 쉽지 않았지만, 강의실에서 많은 학생을 대상으로 하는 강의는 정말 부담스러웠다. 첫 강의는 췌장염에 대한 강의였다. 대학 도서관에는 10년도 넘은 교과서만 몇 권 있는 수준이어서 강의 준비에 도움이 되지 않았다. 한국에서 가져간 신판 《해리슨 내과학 교과서(Harrison's Principles of Internal Medicine)》로 강의를 준비해야 했다. 일주일 전부터 온 신경이 첫 강의에 쏠려 있었다. 며칠 전부터는 식사도 부담되었다. 강의는 OHP(스크린 위에 영상을 확대 투영할 수 있는 광학계 투영기기)로 준비해서 학생들 얼굴은 거의 보지 못하고 읽다시피 강의했다.

그 후로도 몇 년간은 강의가 부담스러웠다. 그러다가 한국의 은사님을 통해 용기를 얻었다. 그분과 이메일을 주고받으며 영어 강의에 대한 부담을 말하자 내게 세계에서 가장 많이 쓰이는 언어가 무엇인지 아느냐며 물으시며, 그것은 '불완전한 영어'라고 하셨다. 지금도 국제학회에서 가장 많이 쓰이는 언어는 영어가 아니라 불완전한 영어라는 말씀도 하셨는데 이 말씀을 듣고 영어 강의에 대한 부담을 많이 줄일 수 있었다. 사실 눈이 반짝거리는 학생들을 가르치는 것은 큰 즐거움이었다. 맹자가 말한 군자삼락 가운데 한 가지인 천하영재를 얻어 교육하는 즐거움이었다. 20여 년이 지난 후 마케레레 대학교의 명예교수로 임명되었고, 2013~14년 의대 졸업생들은 나를 '올해의 교수'로 선정해주었다.

병실에서 회진하는 모습. 인턴 의사가 환자의 상태를 설명하고,
의대생들이 내 주위에서 경청하고 있다.

물라고 병원에서 본 마케레레 의과대학.

환자를 진료하는 모습을 의대생과 간호학생들이 지켜보고 있다.

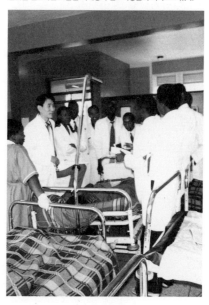

의사로서의 정체성을 잃다

학생들을 가르치는 것과 달리 환자 진료는 처음부터 끝까지 좌절감을 안겨주었다. 1992년부터 내과에서 분과가 개설된 2005년까지는 내과 모든 분과의 환자를 진료했다. 물라고 병원 내과에 입원한 환자 대부분은 에이즈 환자였다(지금도 감염내과, 호흡기 내과는 마찬가지다). 70~80퍼센트가 에이즈와 연관된 합병증으로 입원했다. 한국에서는 한 번도 에이즈 환자를 본 적이 없었다. 전문의 시험 준비 때 공부한 지식이 전부였다. 말라리아 등 열대병에 대한 지식도 마찬가지였는데 환자 대부분이 에이즈와 열대병 때문에 찾아오니 병에 대한 지식이 한참 모자랐다. 그나마 한국에서 봤던 질환으로 입원한 환자들의 임상 양상도 한국에서 본 것과는 너무나 달랐다. 의료 체계가 좋지 않고 교통이 불편한 나라이기 때문에 환자 대부분은 병이 심각하게 진행된 상태에서 내원했다. 한국에서는 병 초기에 치료를 받지만 우간다에서는 대부분 말기 상태에서 병원에 오기 때문에 마치 다른 병에 걸린 것처럼 보였다.

무엇보다 큰 문제는 의약품과 진단 장비가 없다는 것이었다. 병원 건물은 어디에 내어놓아도 뒤지지 않지만 병원으로서 기본적으로 갖추어야 할 것이 없었다. 병실에는 체온계와 혈압계도 없었다(지금도 없는 경우가 많다). 산소 탱크도 없었고 환자 대부분은 탈수가 심한 상태로 입원했지만 정맥 수액도 턱없이 부족했다. 우간다에는 당뇨 환자도 많은데 인슐린이 없는 경우가 많았고, 심지어 항생제가 없는 경우도 태반이었다. 다른 치료 약제도 대

부분 없다시피 해 환자나 보호자가 시내에 있는 약국에서 약을
사와야 투약을 해줄 수 있었다. 이런 환경으로 인해 동부 아프리
카 최고라는 마케레레 대학교 병원이자 우간다 최종후송병원의
내과 병동 사망률이 40퍼센트를 넘었다. 정맥 수액과 인슐린 없
이는 당뇨 혼수 환자를 살릴 도리가 없었고, 항생제 없이는 패혈
증 환자를 살릴 수 없었다. 그런데 이상한 것은 환자들이 사망해
도 보호자들이 울지 않고 무덤덤한 반응을 보이는 것이었다. 처
음에는 보호자들이 울지 않는 것이 우간다의 전통인 줄로 오해했
다. 알고 보니 당시 물라고 병원에서 사망한 환자들의 가족들은
대부분 마음의 준비가 되어 있었던 것이었다. 우간다의 경제 형
편이 좋아지면서 비교적 유병 기간이 짧은 환자들이 병원에 오기
시작했고, 그런 환자들이 사망한 경우에는 보호자들이 울 뿐 아
니라 통곡하며 몸부림치기도 했다.

　말기 에이즈 환자들이 사망하는 것은 어쩔 수 없었지만, 다
른 나라에서 태어났다면 충분히 살 수 있는 환자들이 죽어가는
모습을 속수무책으로 바라보는 것은 쉬운 일이 아니었다. 내가
이곳에서 무엇을 하고 있는지 회의가 몰려왔다. 소생 가능한 환자
가 사망할 때마다 밖에 나가서 하늘을 올려다보았다. 한국의 가
을 하늘보다 더 맑고 아름다운 하늘 아래 있었지만 심정은 비참
했다. '나는 지금 무엇을 하고 있을까?' 파견 후 수 년 동안 코이
카의 지원도 없었고 심지어 의사 가운도 구하기 힘들었다. 아마도
총알도 없이 최전방에 던져져 몰려오는 적군들을 바라보아야 하
는 군인이 있다면 내 심정을 이해할 수 있으리라. 이런 상황에서
내가 할 수 있는 것은 아무것도 없다는 무력감과 고통이 내 마음
을 파괴시키고 있었다. 때때로 회진을 하다가 바닥에 엎드려 사
망해 있는 환자를 보면 병원이 아니라 피난민 수용소라는 생각
이 들었다. 그런데도 환자들은 끊임없이 밀려왔다. 치료를 받으러
오는 것이 아니라 죽을 자리를 찾아오는 것처럼 보였다. 당시 60
퍼센트 이상의 우간다인들이 평생 한 번도 의사를 보지 못한다고

했다. 그래서 국립 최종후송병원까지 와서 의사들 얼굴이라도 보는 것이 이들에게 위로가 되는 것일까? 어차피 병원에 올 것이면 조금만 더 일찍 올 수는 없었던 것일까?

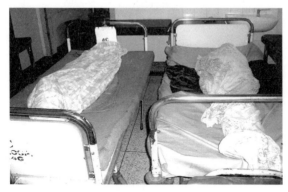

제대로 치료받지 못해 사망한 환자들의 시신을 이불로 말아두었다.

병원에 약이 없는 것도 문제이지만, 더 큰 문제는 병원 시스템이 망가진 것이었다. 설사 병원에 약이 있더라도, 그 약이 필요한 환자에게 투여되었는지 아는 사람이 없었다. 한번은 회진하면서 항상제를 사용하자고 했는데, 그다음 날 환자가 좋아지지 않아 인턴에게 물어보니 약이 투여되었는지 모른다고 했다. 간호사도 모른다. 오직 환자만이 본인에게 약이 투약되었는지를 아는데, 정말 상태가 심각한 환자에게는 투약 여부를 물을 수도 없다. 의식이 없는 환자가 어떻게 알겠는가? 결국 투약 여부를 아는 사람이 아무도 없는 것이다. 이런 환경에서 날마다 하는 회진은 고통의 연속이었다.

하루에도 몇 번씩, 아니 수십 번씩 떠나온 고국이 생각났다. 한국에서 수련의 시절 힘들었던 시간은 오히려 축복이었다. 잠을 자지 못하고 환자들과 씨름했지만 힘든 만큼 보람도 있었으니까. 하지만 우간다에서는 말만 의사이지 죽어가는 환자들에게 해줄 수 있는 것이 아무것도 없었다. 속수무책이라는 말 그대로였다. 한국에 가족을 남겨두고 홀로 우간다에 와서 무엇을 하고 있는 건지 알 수 없었다. 할 수 있는 것은 죽어가는 환자들을 붙잡고 함께 슬퍼하는 것뿐이었다.

　나중에 한국을 방문했을 때 많은 사람이 내게 굉장히 보람 있는 일을 한다고들 했다. 특히 한국에 있는 의사들 중에 자신들은 열악한(?) 의료 환경에서 고생하는데 당신은 얼마나 보람 있는 일을 하느냐며 부럽다는 이들도 있었다. 한국 의료 환경이 열악하다니, 그들이 까맣게 타버린 내 마음을 이해할 수 있을까? 가끔씩 우간다에 거주하는 한국 분들이 몸이 불편하다며 나에게 찾아오기도 했다. 한국을 떠나 우간다에까지 와서 몸이 아프니 그분들은 내게 따뜻한 말 한마디 듣고 싶었을 것이다. 하지만 이미 감기 정도의 병 때문에 따뜻한 말을 해줄 마음의 여유가 사라져버렸다. 난 외상후증후군(PTSD)을 앓고 있었다. 몇 년 후 딸이 병으로 사경을 헤맬 때까지는 의사로서 정체성도 잃고 있었다.

　이 무렵 보람되는 일이 아주 없지는 않았다. 어느 날 밤 친하게 지내던 분이 아들인 성현이를 데리고 우리 집을 찾아오셨다. 성현이가 말라리아에 걸려 치료를 받았는데도 호전이 되지 않는다는 것이었다. 성현이는 당시 세 살 가량이었는데 평소에는 무척 튼튼한 아이였다. 집에서 기르던 개와 놀면서 밥을 공유해도 탈이 나지 않던 아이였는데 그날 밤 우리 집에 왔을 때는 병든 병아리같이 가라앉아 있었다. 말라리아 치료를 받았다지만 혹시나 해서 말라리아가 남아 있는지 혈액도말검사를 해보았다. 그런데 말라리아 원충은 보이지 않는데 폐렴 구균 같은 것들이 보였다. 말초혈액도말 검사에 세균이 보이다니 눈을 믿을 수 없었다. 우리 집에서 멀지 않은 곳에 살고 있는 독일인 임상병리 기사를 찾아가서 슬라이드를 확인해달라고 했다. 그녀도 폐렴 구균 같다고 했다. 염색시약이 세균에 오염되었을 가능성이 없는 것은 아니었지만 환자 상태가 위독해 바로 치료하기로 했다. 다음 날 검사할 혈액을 채취한 후 마침 가지고 있던 항생제 주사제로 정맥 주사를 놓았다. 그다음 날 임상병리 기사는 성현이의 슬라이드에 보였던 것이 폐렴 구균이 맞다고 알려왔다. 혈액을 다른 시약으로 도말검사를 해도 그 구균이 보였기 때문이었다. 성현이는 하룻밤만 항생제 치료가 늦어졌어도 패혈증으로 사망할 뻔했다. 성현이 부모님은 죽어가던 아들이 살아나서 기뻤고, 나는 우간다에서 처음으로 의사로서 보람을 느낄 수 있어 더욱 기쁘고 감사했다. 치료 당시에는 잘 몰랐지만 그 후 열대병을 공부하면서 심한 말라리아에 걸린 경우, 특히 어린이에게서 패혈증이 동반될 수 있다는 것을 알게 되었다. 지금 생각해도 참으로 신기한 일이다. 당시 내게 말라리아 검사를 할 수 있는 시약과 현미경이 없었다면, 병이 조금만 덜 심한 상태에서 와서 혈액도말에 세균이 보이지 않았다면, 반대로 병이 조금 더 심해진 상태에서 왔다면, 만약 내게 정맥 주사용 항생제가 없었다면 성현이는 소생하지 못했을 것이다. 그 열악한 상황에서 적시적소에 있을 것이 있었고, 있어야 할 사람이 있었다.

우간다에서는
기름칠을 하라

우간다에서 살았던 첫 집에는 전화기가 있었다. 전화선도 연결되어 있었는데 전화를 사용하기 위해서는 우간다 우편전화국에 연결 신청을 해야 했다. 서류 수속은 무척 복잡했다. 후진국의 특징 중 하나가 복잡한 서류 절차인 것 같다. 적어 넣어야 할 사항도 많았고, 추천인의 편지도 필요했다. 한국대사관의 추천서를 받아 우편전화국에 사용신청서를 제출했다. 한국대사관에서 근무하던 우간다 현지인인 아이작이 도와주었다. 그는 우간다 필드하키 협회장을 맡고 있었다. 하지만 전화는 좀처럼 연결되지 않았다. 한국에서는 신청 하루 만에 전화가 개통되지만, 우간다는 한국과는 너무 달랐다. 3개월 만에야 전화가 개통되었다. 당시에는 무척 답답했는데, 나중에야 아주 빨리 연결된 것임을 알게 되었다. 다른 집으로 이사한 후에 다시 전화를 연결하는 데는 7개월이 걸렸다.

우간다 관공서에는 도장을 들고 있는 사람들이 많다. 전화신청서에도 도장을 여러 개 찍어야 했다. 하지만 도장을 찍어주어야 하는 사람들이 자리를 지키고 있지 않았다. 내일 출근한다는 보장도 없었다. 더 큰 문제는 부정부패였다. 설사 사람이 있어도 맨입에 도장을 찍어주지 않으려 했다. 세상에 부정부패가 전혀 없는 나라는 없겠지만, 우간다는 그 정도가 심했다. 물라고 병원에서 함께 일하던 동료 의사들은 기름을 치라고 조언했다. 전화국에 오고 가는 기름값으로 직원들에게 뇌물을 주면 효과가 바로 나온다는 것이었다. 그러나 타협하지 않고 원칙대로 살기로 했다.

이 때문에 전화 연결을 위해 우편전화국에 자주 가야 했다. 비록 3개월, 또 7개월이 걸리기는 했지만 전화가 연결되었고 나쁜 방법을 사용했다는 죄의식도 없으니 이것이 가장 좋은 방법이 아닐까.

우간다에서는 공무원들이 너무 부패하여 조그마한 권력이 있으면 모두가 부당한 돈을 요구했다. 어떤 한국 분은 우간다 공무원들의 월급이 아주 적어 우간다에서의 부정부패는 생계형이라며 우간다에서는 기름칠을 하는 것이 나쁜 일은 아니라고 했다. 하지만 내게는 그 기준이 애매해보였다. 1990년대 초 우간다 정부의 장관 월급이 50달러였는데 그들은 집을 몇 채나 가지고 있고 비싼 독일차를 타고 다녔다.

어떤 경우는 집 근처에 있는 전기국 직원이 우리 집에 들어오는 전기선을 끊고는 돈을 주면 전기를 연결시켜주겠다고 했다. 알고 보니 그 집에 이전에 살았던 사람이 미터기를 조작해 돈을 적게 내고 대신에 전기국 직원에게 뇌물을 주곤 했었다. 이 때문에 전기국 직원이 돈 생각이 나면 그 집의 전기를 끊고는 돈을 받으면 선을 연결하곤 했던 것이다. 이런 식으로 부정부패가 만연하여 당시 우간다에서 전기 요금을 제대로 내는 사람이 드물었다. 대부분 미터기를 조작하거나, 옆집에서 선을 끌어다 사용하고 있었다. 전기국에서는 충분한 수입이 들어오지 않으니 전기 요금을 계속 인상했고, 전기 요금을 제대로 내는 사람들만 큰 손해를 보고 있었다.

그래도 이 나라를 도와주기 위해 온 사람인데 부정부패를 더 조장할 수 없다는 생각에 단순무식하게 살기로 했다. 이 때문에 전기 없이 일주일을 산 적도 있었다. 전기 있는 곳에서 살다가 전기 없이 일주일을 지내는 것은 쉽지 않았다. 무엇보다 냉장고 안의 음식이 문제였다. 물라고 병원에 에이즈 환자들 혈액을 보관하는 대형 냉동고가 있는데, 리서치를 하는 의사의 양해를 얻어 음식들을 병원으로 들고 가 그 냉동고에 보관하기도 했다. 또 교통경찰이 엉뚱한 시비를 걸어 경찰서에 간 적도 여러 차례였다. 어떤 때는 바퀴가 낡았다고, 다른 때는 차량 추월을 이상하게 했다며 돈을 요구했다. 가벼운 접촉사고라도 나면 외국인 운전자는 잘못하지 않았어도 가해자 취급을 받아야 했다. 우간다에서 사업하는 분들은 우간다에서는 되는 것도 없고, 안 되는 것도 없다고 한다. 이 때문에 우간다에서 사업하기가 너무 편하다는 분도 있다. 반면 원칙대로 사는 사람들에게는 너무나 살기 힘든 나라다. 그러나 나는 한번도 기름을 치지 않았다.

"네가 타고 다니는 벤츠
좀 빌려달라"

우간다에 있던 한국대사관은 작은 규모였다. 대사님과 두 분의 서기관이 있었는데 그중 이 서기관님은 부산분으로 말씀을 화끈하게 하셨다. "닥터 유, 엉뚱하게 고생하지 말고 당장 짐 싸서 한국으로 돌아가세요. 이 나라 사람들을 돕는 것은 밑 빠진 독에 물 붓기요. 차라리 한국에서 돈을 많이 벌어서 이 나라에 공장을 세우는 것이 더 도움이 돼요." 물론 나를 아껴서 한 말이었다. 그분은 내가 캄팔라에서 생활이 가능하도록 많이 도와주셨다. 초기에는 병원에 출근할 수 있도록 차로 태워주셨다. 또 면세점에서 침대 매트리스를 구입할 수 있도록 도와주셨다. 당시에 시중에서 구할 수 있는 매트리스는 스펀지가 들어 있는 것뿐이었고 면세점에서만 스프링으로 된 매트리스를 팔았다. 이 매트리스도 한국산에 비하면 탄력이 없어 쑥쑥 들어가는 것이었지만 우간다에서 스프링으로 된 매트리스를 살 수 있다는 것만으로도 대단한 일이었다. 이 매트리스는 나의 우간다 생활 동안 줄곧 같이했다.

한국 외교관 수가 너무 적어 외부 행사가 있을 때면 대사님은 나도 참석하라고 하셨다. 그래서 매주 금요일 저녁마다 대사관저에서 외부 손님들을 초대하는 식사 모임에 참석했다. 아내가 아직 우간다에 오지 않은 때여서 한 끼 해결하기도 어려울 때 한국 음식을 먹을 수 있어서 좋았는데 한편 음식이 너무 매워 힘들기도 했다. 우간다에는 한국 식품점이 없어 한국 음식 재료가 귀하다. 대사관저에서는 한국에서 가져온 고춧가루에 우간다에서 만든 고춧가루를 섞어서 사용했다. 우간다 고추는 너무 맵기 때문에 관저 음식도 매울 수밖에 없었다. 대사관저에서의 모임을 통해 우간다 각지에서 일하는 다양한 사람들을 만날 수 있는 계기가 되었다. 하지만 식사 후 손님들을 보낸 후 시작되는 대화에는 능동적으로 참여할 수 없었다. 주로 골프에 대한 대화여서 골프를 치지 않는 내게는 앉아 있기 힘든 시간이었다. 또 마치는 시간이 너무 늦으면 돌아가는 길이 위험할 수도 있었고, 늦게 들어가면 집을 지키는 도우미가 종종 자고 있어 바깥에서 오랜 시간 동안 경적을 빵빵 울려야 하는 것이 이웃에게 미안했다.

당시 주우간다 한국대사관에서는 한국 차들을 우간다 정부에 기증하곤 했는데, 감사하게도 현대 차 두 대를 몰라고 병원에 기증하고 그중 한 대를 내가 탈 수 있도록 조처해주었다. 이 서기관님이 제안해서, 대사님이 쾌히 승낙하셨다. 그런데 차량들을 기증하기가 쉽지 않았다. 그냥 받으면 좋겠는데 병원에서 굳이 기증식을 하겠다는 것이었다. 기증식이 차일피일 미루어졌다. 결국 차량을 기증하기까지 두 달이 걸렸다. 이곳 관리들은 자신에게 직접 이득이 오지 않으면 잘 움직이지 않는다. 이 때문에 외국 원조기관에서 도와주는 것도 쉬운 일이 아니다. 민초들은 고생하지만 대부분 관료는 자신이나 자기 가족의 일에만 관심이 많다. 나라와 백성을 사랑하지 않는 사람들이 정부 관리로, 공무원으로 있는 나라는 발전할 수 없다. 우간다에 살면서 한국의 비약적인 발전을 이끈 한국의 지도자들과 공무원들의 책임감과 애국심이 대단했음을 깨달을 수 있었다.

자꾸 기증식이 늦추어지자 대사님이 그중 한 대를 내가 먼저 타고 다니도록 허락해주셔서 드디어 언제든지 원하는 곳으로 다닐 수 있게 되었다. 당시에는 우간다에서 새 차를 타는 사람들은 거의 없었다. 거의 모든 사람이 중고차를 타고 다니던 시절인데 현대 엘란트라 새 차를 타고 다니게 되었다. 우간다를 방문한 어느 영국인은 엘란트라를 보고 캄팔라에서 다니는 차 중에 내 차가 가장 좋아보인다고 했다. 어느 날 한 내과 동료는 "네가 타고 다니는 벤츠 좀 빌려달라"고 부탁했다. 친척이 결혼식을 하는데 내 차를 신혼부부가 타게 하면 좋겠다는 것이었다. 그 사람 눈에는 현대 차가 벤츠처럼 좋아보였던 모양이다. 그때는 현대 차 대리점이 우간다에 생기기 전이었는데, 내가 현대 차를 타고 다니면서 훌륭한 선전 효과를 냈을 것 같다. 내과 동료 가운데 과반수는 내게 한국으로 돌아가게 되면 그 차를 자신에게 달라는 부탁을 해왔다. 우간다에서 오래도록 있으며 그 차를 탈 생각을 하고 있던 나는 미적거리는 웃음을 지을 수밖에 없었다. 엘란트라는 그 후로 12년을 탔는데 사고를 당해 폐차시켰다.

은행 직원은 갑,
고객은 을

한국에서 보내주는 생활비를 받기 위해 은행 계좌를 열어야 했다. 역시 우간다에서는 은행 계좌를 열기도 쉽지 않았다. 필요한 서류가 너무 많고, 어느 정도 금액 이상을 넣을 수 있어야 계좌를 열어주었다. 처음에는 한국대사관에서 사용하던 바클레이스 은행에 계좌를 열었다. 이때는 대사관에서 보증해주었기 때문에 계좌를 여는 것이 비교적 쉬웠다.

우간다 은행들은 달러 예금 계좌의 경우 이자를 거의 주지 않는다. 오히려 매달 계좌 유지비를 뗀다. 돈을 보관해주는 비용을 받는 격이다. 당시 우간다 은행들은 달러를 입금할 때 1퍼센트를 공제하고 찾을 때도 1퍼센트를 공제했다. 그래도 한국대사관이 우간다에 있는 동안에는 나도 외교관처럼 우대를 받을 수 있어 은행 이용에 문제가 없었다. 하지만 한국대사관이 철수하면서 문제가 드러났다. 대사관에서 사용하던 은행 지점도 폐쇄되어 바클레이스 은행 본점에 가야 했다. 일반인이 그 은행을 이용하기에는 불편한 점이 한두 가지가 아니었다. 무엇보다 은행 직원들이 불친절했다. 고객이 자기 돈을 넣고 찾기 위해 은행 직원에게 공손히 부탁해야 했다. 아무리 계좌에 많은 돈이 있어도 직원이 은행에 현찰이 없다고 하면 돈을 찾을 수 없었다. 그러나 같은 날 다른 한국인은 그 은행에서 돈을 찾았다고 한다. 물론 약간의 뒷거래가 있었고. 현찰이 있더라도 100달러짜리가 없다며 20달러짜리로 준다든지 하는 것은 은행 직원 마음이었다. 당시 은행 환율과 외화 환전소의 환율에 차이가 많았다. 고객 대부분은 은행에서 달러를 찾은 후 환전소에 가서 우간다 실링으로 환전했는데, 50달러나 100달러짜리 지폐가 아니면 환율이 훨씬 떨어졌다. 이런 식으로 은행 직원은 거드름을 부리고 고객은 을이 되어야 했다. 우간다 공무원 같은 태도였다. 열심히 일한다고 월급을 더 받는 것도 아니고, 불친절하다고 벌을 받는 것도 아니어서 개선의 여지가 없어보였다. 한국의 은행을 경험하지 못했거나, 캄팔라에 다른 은행이 없다면 할 수 없이 그 은행을 계속 이용했겠지만 다른 선택이 있는 상황에서 그런 은행을 계속 사용할 수는 없었다. 인근에 있는 스탠다드 차타드 은행으로 거래 은행을 옮겼다. 비록 은행 계좌 열기는 까다로웠지만 창구 직원들이 웃는 얼굴로 맞아주었다.

근래에는 우간다에 은행이 많이 생기면서 서비스가 많이 향상되었다. 원래 주중에 오후 3시까지만 고객을 받던 은행들이 고객 유치를 위해 영업시간을 늘렸다. 이제는 오후 7시가 넘어도 열려 있고 토요일 오전에도 영업을 하는 은행이 많아졌다. 그런데 우간다에서는 은행 선택에서 안전성이 우선된다. 신생 은행들은 이자가 높고 고객서비스도 좋지만 도산 위험이 있다. 이 때문에 이자는 낮아도 안전한 외국계 은행을 선호하게 된다.

피살당한
한국 교민

대사관에서는 우간다에서 생활할 때 조심해야 할 것들을 알려주었다. 대중교통 수단을 이용하지 말고, 낮에도 시내에서 걸어다니지 말라고 했다. 내가 우간다에 도착하기 일주일 전에는 캄팔라 시내 중심가에서 이탈리아인이 대낮에 총에 맞아 사망했었다. 또 차를 타고 다닐 때도 집에 들어가는 시간을 항상 달리 하라고 했다. 일정한 시간에 집에 들어가면 그때를 맞춰 강도들이 기다릴 수 있기 때문이었다. 이뿐 아니라 타고 다니는 차 안에는 항상 100달러 정도를 보관해두라고 했다. 자 강도를 당했을 때를 대비하는 것으로, 강도가 총을 들이대는데 돈을 주지 않으면 총을 쏠 수 있기 때문이란다. 그 외의 주의사항은 강도의 얼굴을 절대로 보지 말고 고개를 숙인 채로 달라는 대로 다 주라는 것이다. 다행히 차 강도를 당하지는 않았지만 약 10년 동안 100달러가량의 우간다 실링을 차에 준비해놓고 다녔다. 지금은 치안이 많이 좋아져 더 이상 차에 돈을 보관하지 않아도 된다.

우간다에 도착한 지 한 달이 된 어느 아침이었다. 병실에서 회진을 하고 있는데 한국대사관에 근무하는 아이작(이 사람은 나중에 총상으로 사망했다)이 나를 찾아왔다. 한국 교민 한 명이 총에 맞아서 캄팔라에 있는 가톨릭 병원인 은잠비아 병원에 입원했다는 것이었다. 아이작과 함께 급히 병원을 찾아갔다. 이미 대사님과 교민들이 병원에 와 있었는데 환자는 머리에 총상을 입어 수술실에 들어가 있다고 했다. 환자의 상태를 알아보기 위해 수술실에 들어가니 의사들은 손을 놓고 있었다. 환자는 총상으로 인해 두부에 심각한 파손을 입어 사망한 채로 수술대 위에 누워 있었다. 캄팔라에서 신발 장사를 하던 분이었다. 사고를 당하기 바로 전날 저녁에 나는 그 가게에 들러 신발을 샀었다. 당시 캄팔라에서는 이디 아민 시절에 쫓겨났던 인도인들이 돌아와 자신들의 땅을 되찾는 과정에서 많은 잡음이 발생했다. 정부에서 땅을 임대받은 사람들은 계약 기간이 끝나지 않았으니 땅을 내놓지 않으려 했고, 인도인들은 자신들의 땅이니 당장 나가라고 주장하는 과정에서 서로 간에 감정이 격해지는 경우가 많았다. 그 과정에서 청부살인을 당한 것이었다. 당시 청부살인은 흔하게 발생했다. 100달러만 주면 청부살인을 할 수 있다고들 했다. 한국에서는 "죽을래?"라고 욕을 해도 그 말을 심각하게 여기지 않지만 우간다에서는 절대 그런 말을 하면 안 된다. 실제로 총살과 독살이 흔하기 때문이다.

바로 전날 내 신발 끈을 매어준 분이 청부살인을 당해 얼굴이 망가진 채 병원 수술실에 누워 있는 모습에 커다란 충격을 받았다. 그분 집에 가보니 그 집에서 일하는 아이가 그가 탔던 흰색 벤츠를 물로 씻고 있는데 차체에는 총탄 자국이 있었고 좌석은 피범벅이었다. 차 주위도 온통 붉은 색깔로 물들어 있었다. 한국에서는, 특히 젊은이들에게는 죽음이라는 단어가 일상에서는 매우 먼 단어일 것이다. 하지만 우간다에서는 아니었다. 죽음은 항상 주변에 있었다. 병원에서는 수많은 젊은이가 죽어가고 있었고, 길거리에서는 폭력으로 인해 많은 사상자가 나고 있었다.

더 이상 캄팔라에 머물고 싶지 않았다. 그 사건 이후로 밤마다 들리는 총성도 더 견디기 힘들었다. 늑대처럼 짖는 개 소리가 시끄러워 잠을 설치다가도 바깥이 조용해지면 개들이 독살당한 것이 아닌가 하여 내다보아야 했다. 이런 곳으로 가족을 불러도 되는 것인가? 현지인 모두가 강도 아니면 거지로 보였다. 이런 마음으로 이곳에 머물러 있는 것이 무슨 의미가 있는 것인지 많은 밤을 뜬눈으로 지새워야 했다.

　　1990년대 캄팔라에서는 총격전이 자주 일어났다. 1986년에 정권을 잡은 무세베니 정부가 치안을 확보하기 위해 애를 많이 썼지만 시중에 총기가 워낙 많이 널려 있었다. 내전의 영향이 아직도 채 가시지 않았고, 우간다 여러 곳에 반군들이 있어 이들이 한 번씩 캄팔라에서 테러를 자행하기도 했다. 잊을 만하면 수류탄도 터졌다. 특히 완데게야 지역의 술집이 주 표적이었다. 우간다 동북부에는 항상 총기를 휴대하고 다니는 카라모종이라는 종족도 있었다. 치안이 불안하면 밤 문화가 사라질 수밖에 없다. 어두워지기 전에 무조건 집으로 가야 했다. 이 때문에 가족들이 온 후에는 항상 가족들과 저녁 시간을 함께 보낼 수 있었다. 한국에 있었으면 아이들을 매일 보기 힘들었을 텐데 우간다에 있었기 때문에 가능한 일이었다.

　　한번은 밤중에 총알 날아가는 소리도 들릴 정도로 우리 집 바로 옆에서 총격전이 벌어졌다. 떼강도와 경찰 간의 총격전이었다. 군의관 교육을 받을 때 육군 3사관학교에서 배운 포복으로 기어가 바깥을 내다보았지만 어두워서 잘 보이지 않았다. 강도들이 경찰을 피해 우리 집에 들어오지 않기를 기도했다. 그날 우리 집에 한국에서 온 단기 선교사님도 머물고 있었는데 그분은 총소리에 놀라 침대 밑에 들어갔다고 했다. 그리고 '내일 아침 떠오르는 해를 볼 수 있게만 해주시면 정말 주님을 위해 살겠노라'고 기도했다고 한다.

　　한국인 사망 사고 후 몇 달 지나지 않아 물라고 병원에서도 사고가 생겼다. 아침에 출근해서 환자들을 보고 있는데 병동의 분위기가 어수선해졌다. 한 간호사가 정형외과 과장이 조금 전에 피살을 당했다고 말해주었다. 당시 물라고 병원의 정형외과 과장은 미국인이었는데, 그가 아침에 병원에 출근한 후 총에 맞은 것이다. 단순한 강도 사고는 아니었다. 왜냐하면 범인들이 차를 훔쳐 달아났는데 정작 그 차는 시골 어느 곳에 버려진 채로 발견되었기 때문이다. 우간다는 내륙국이어서 주변 나라로 넘어가는 것이 어렵지 않다. 이 때문에 차량 도둑들이 거의 잡히지 않았고 도둑맞은 차량이 거의 회수되지 않았음을 감안하면 극히 이례적인 사건이었다. 병원 직원들은 그가 병원 비리를 발견했고 그것을 바로잡으려다가 사고를 당했을 가능성이 높다고 했다. 물라고 병원에는 유령 의사들이 많다. 보건부에서 월급을 주는 명단에는 이름이 있는데 실제로는 존재하지 않는 의사들이다. 정부에서 이들에게 매달 월급을 지급하는데 누가 그 돈을 영수하는지는 모른다. 이 때문인지, 다른 비리가 있는지 모르지만 정부 관청에서 회계를 맡은 직원은 대부분 집을 몇 채씩 가지고 있다. 나중에 내과 과장이 된 동료 독일인 의사도 내과에 유령 의사들이 많은 것을 발견했다고 알려주었다. 그는 이런 부정부패를 바로잡아야 한다며 의욕적으로 비리 청산 작업을 시작했지만 중간에 포기했다. 우간다 친구들이 더 이상 일을 진척하다가는 목숨이 위태로울 수 있다고 만류했기 때문이었다.

정형외과 과장의 장례식은 캄팔라에 있는 바하이 사원에서 거행되었다. 그분이 바하이교도*여서 바하이들의 전통을 따라 사망한 사체를 다른 곳으로 옮기지 않고 사망한 곳에서 장례를 치렀다. 캄팔라 북쪽에 위치한 바하이 사원에 병원에서 온 사람이 많이 모였다. 그 장례식 참석자 가운데 살인을 사주한 사람이 있을 가능성이 높다는 생각이 들었다.

당시 우간다 신문에는 대낮 강도 사건도 자주 보도되었다. 무장 강도들의 주목표는 현금을 거래하는 외화환전소와 현금 수송 차량이었다. 시내 중심가에 총을 든 경비원이 지키고 있지만 강도 사건은 몇 년간 끊이지 않았다. 밤보다 낮에 강도 사건이 많이 일어나는 것은 저녁이 되면 환전소의 문을 닫고 바로 은행으로 돈을 가져가기 때문에 거액의 돈이 남아 있지 않을 뿐더러, 웬만한 가게는 모두 감옥 같은 구조를 하고 있으니 오히려 낮이 강도질을 하기에 편했던 것이다. 지금은 전반적인 치안이 좋아졌을 뿐 아니라, 경비 회사들이 우후죽순처럼 생겨 강도들이 활동

★ 바하이교도는 이란인 바하 알라(1817~1892)가 창시한 이슬람교 시아파 계열에 속하는 종교다. 그 교리는 이슬람 신비주의에 평화주의를 배합하여 를 가미한 것으로, 기독교의 영향을 보이며, 이슬람교의 지하드를 부정함으로써 세계 평화를 최종 목표로 하고 있다. 바하이교도는 주로 인도·이란·미주·서아시아 등에 분포한다.

하기가 쉽지 않다. 지금은 시내 중심가의 가게나 외국인이 사는 집뿐 아니라 웬만한 우간다 부자들의 집도 경호원들이 지키고 있다.

살 환자와 죽을 환자를
가르는 아픔

그 무렵 코이카 감사 팀이 우간다에 왔다. 정파의 담당 과장과 코이카 감사 두 분이었다. 그런데 이분들이 물라고 병원을 방문하기로 계획한 날은 일요일이었다. 주일에 병원장을 만나는 것은 큰 무리였지만 다행히 성사되었다. 당시 병원장이었던 키후무로 아풀리는 한국 사람은 주일에도 일을 한다며 불평 섞인 감탄을 뱉어냈다. 이 팀이 왔을 때, 우간다에서의 애로사항을 토로했다. 마치 최전방에 실탄 없이 배치된 병사 같다고. 비록 시원한 지원 약속은 들을 수 없었지만 헌병감을 지내셨던 김 감사님은 위로를 많이 해주셨다.

결국 코이카에서 정파의들을 위한 활동 지원비가 생겼다. 처음에는 매년 3000달러가 지급되었는데 예산을 집행할 때 한국에서 생산된 물품을 구입해야 한다는 조건이 있었다(10여 년이 지난 후에는 외국 제품도 구입할 수 있게 되었다). 이 예산으로 약제들을 구입했다. 사용할 수 있는 약품이 생겼다는 것은 천군만마를 얻은 것과 같았다. 이 약품으로 수많은 환자를 치료할 수 있었다. 하지만 또 다른 어려움이 기다리고 있었다. 약품의 공급량이 절대적으로 부족하다는 것이었다. 약품을 사용할 환자들을 선별해야 했다. 약품을 사용하는 기준은 두 가지였다. 먼저, 이 약품을 사용했을 때 살 가능성이 많은 환자였다. 너무 중한 환자는 약품을 써도 사망할 가능성이 높아 죽어가는 환자들에게는 약품을 사용할 수 없었다. 두 번째는 환자 보호자의 유무였다. 물라고 병원에서는 약이 없는 경우가 많아 필요한 약은 환자나 보호자들에게 사오게 한다. 따라서 보호자가 없는 중한 환자를 소생시키는 것이 쉽지 않았다. 물라고 병원에는 모두 위중한 상태로 오기 때문에 한국 기준으로는 환자 대부분이 중환자실에 입원해야 할 것이다. 이런 상황에서 보호자들의 열성과 능력도 환자 생존에 중요한 예후 인자가 되었다.

하지만 내가 누구기에 살 환자와 죽을 환자를 가르고 투약을 선택한다는 말인가? 이 선택은 내게 커다란 아픔으로 다가왔다.

막내아들이
태어나다

한국에서 막내아들이 태어났다는 소식이 들려왔다. 아내는 세 번째 제왕절개 수술을 받았다. 곧 아들이 신생아 황달 때문에 입원해서 광선치료를 받고 있다는 소식이 들렸지만, 가볼 수 없어 안타까웠다. 가족들이 우간다로 건너오기 전에 필요한 준비를 하기로 했다. 가전제품들과 식료품을 사기 위해 이웃 나라인 케냐의 나이로비로 쇼핑을 갔다. 캄팔라에서 나이로비까지는 약 800킬로미터의 거리인데, 도로 사정이 좋지 않고 국경을 통과하는 데 시간이 걸리니 차로 꼬박 12시간이 걸린다. 제대로 된 지도도 없었지만 나이로비를 찾아가는 것이 어렵지 않았다. 길이 복잡하지 않기에 가는 길에 지나게 되는 몇몇 도시를 통과할 때만 주의하면 길을 잃지 않는다. 하지만 초행길이니 무리하지 않고 중간에 쉬었다 가기로 했다. 캄팔라와 나이로비 중간쯤에 있는 케리초에서 하룻밤을 묵었다. 그 도시는 세계적으로 유명한 차산지라 드넓은 차밭이 아름답게 펼쳐져 있었다. 마치 유럽의 도시같이 느껴졌다.

다음 날 드디어 그동안 말로만 들었던 나이로비에 도착했다. 문화충격을 받았다. 아프리카의 도시라고 해서 다 같은 도시가 아니었다. 캄팔라는 시골, 나이로비는 대도시였다. 캄팔라는 대부분의 길이 왕복 2차선인데 반해 나이로비는 왕복 6차선 대로가 이곳저곳에 깔려 있었고 포장 상태도 무척 좋았다. 고층건물들이 즐비하고 뒷골목까지 포장되어 있었다. 아프리카에도 이런 도시가 있을 수 있나 놀란 눈으로 나이로비를 둘러보았다. 지

현재 캄팔라 시내 전경. 지금은 도시가 많이 발전해 있다.

금은 치안이 불안해졌지만 당시에는 대니얼 모이 대통령이 건재하던 시기로 나이로비의 치안이 캄팔라보다 훨씬 좋았다. 무엇보다 쇼핑몰에는 온갖 물건이 가득 쌓여 있었다. 나쿠마트라는 대형 쇼핑몰에 가니 없는 것이 없었다. 가전제품을 파는 가게에 가니 중고가 아니라 새 가전제품들이 진열되어 있었다. 이들 제품은 한국에서 보았던 것과 별로 다르지 않았다. 이곳에서 냉장고와 냉동고를 구입했다. 우간다에서는 전기 공급이 일정하지 않고, 정전이 잦기 때문에 육류를 보관하는 냉동고는 필수다.

　　나이로비로 쇼핑 갈 때 주우간다 한국대사관에서 소개해주어 나이로비에 있는 한국대사관에 들렀다. 우간다에 있는 대사관과 달리, 주케냐 한국대사관은 고층 건물에 입주해 있었고 사무실이 무척 깨끗했다. 이곳 대사관에서 편지를 받아서 케냐-우간다 국경에 제출하니 세금에 대한 시비가 없이 그냥 통과할수 있었다.

가족들이
우간다로

막내가 생후 5개월이 되던 1993년 2월에 가족들이 우간다로 왔다. 나는 한국까지 가족들을 데리러 가지는 못하고 나이로비까지 마중 나갔다. 지금이야 한국에서 캄팔라로 오는 항공 편이 많아 중간에 두바이나 도하에서 한 번만 갈아타면 되지만 당시에는 엔테베로 들어오는 항공기가 많지 않았다. 서울에서 엔테베까지 비행기를 두 번 갈아타야 했다. 아내는 서울에서 파리를 거쳐 나이로비로 왔다. 나이로비의 조모 케냐타 국제공항에서 헤어졌던 가족들과 8개월 만에 다시 만났다. 내가 우간다에 있는 동안 태어난 아들을 처음으로 봤다. 아빠가 없는 가운데 태어나서 신생아 황달을 앓았던 막내아들은 아내의 등에 업혀 있었다. 처음 보는 아버지를 알아볼 수 없으니 나를 보고도 그냥 눈만 껌벅였다. 다행히 건강해보였다. 아내는 세 살 된 큰딸과 21개월 된 둘째까지 데리고 오느라 고생을 많이 했다. 아이들 기저귀가 든 가방에다 여행용 캐리어도 끌고 왔다. 다행히 파리에서 나이로비로 오는 길에 한국 선원들을 만나 그들에게 어느 정도 도움을 받았다고 했다. 그들은 케냐의 유명한 항구도시인 몸바사로 가는 길이었다. 몸바사로 가려면 나이로비에서 국내선 비행기로 갈아타야 하는데 선원들은 영어가 거의 되지 않아 이들의 입국 수속을 도와주었다.

가족들과 함께 케냐에서 엔테베 공항으로 왔는데 공항에 마중 나와주었던 대사관 직원이 대사님께 아내가 세 아이들을 데리고 큰 가방까지 끌고 왔다고 말해주었다. 대사님은 "한국 여

성은 정말 강합니다"라고 감탄하셨다. 그분은 세계에서 러시아 여
성과 한국 여성이 가장 강하다고 했다. 하지만 내가 한국까지 오
지 않은 것으로 인해 아내에게 무정한 남편으로 찍혀 두고두고 원
망을 받게 되었다. 변명을 하자면 당시 코이카에서는 정파의가 한
국에 들어오는 것을 4년에 한 번 허용했고 한국에 들어오려면 미
리 허락을 받아야 했다. 또 의대, 수련의, 군대 생활을 거치면서
융통성이 없어진 나는 한국까지 가족을 데리러 들어간다는 생각
자체를 하지 못했다.

　우간다에 온 아이들이 새로운 환경에 적응하는 것은 쉽지
않았다. 특히 둘째는 흑인들을 무서워해 집에 흑인이 오면 식탁이
나 의자 밑에 들어가 숨곤 했다.

흑인을 피해 의자 밑에 숨어 있는 둘째 아이.

　또 아이들이 돌아가면서 계속 원인 모를 열병을 앓았다. 첫
째가 열이 나기 시작해서 둘째와 셋째 다 열이 나고, 셋째가 좋아
지면 첫째가 다시 열이 나곤 했다. 캄팔라에 있는 다른 교민들의
아이들은 대부분 건강하게 잘 자랐다. 한국에서는 겨울에 감기
를 달고 살았다는 아이들이 겨울이 없는 캄팔라에 오면 감기에
잘 걸리지 않는다는 것이다. 하지만 우리 아이들은 달랐다. 아마
도 내가 병원에서 환자 진료를 하면서 어떤 병원균을 옮겨온 것인
지도 모르겠다. 나름대로 손을 열심히 씻었지만 손에만 균이 묻
은 것은 아닐 테니까. 한국 같으면 아이들이 열이 나더라도 감기
로 보고 증상 치료를 하면서 기다리면 되지만 열대지방에서는 항

상 말라리아 가능성을 염두에 두어야 한다. 더구나 우간다에 있는 말라리아의 95퍼센트는 치명적인 열대성 삼일열 말라리아다. 다른 종류의 말라리아는 말라리아 증상 자체만으로 사람을 죽게 하지 않지만 열대성 삼일열 말라리아는 치료하지 않으면 대부분이 사망하는 치명적인 병이다. 어떤 사람들은 말라리아가 백인들의 손에서 아프리카를 구했다고 농담을 할 정도다.

아이들이 우간다에 온 초기에는 열이 나기만 하면 애들 손가락을 찔러 나오는 피로 말라리아 검사를 해야 했다. 처음에는 피를 슬라이드에 발라 말려두었다가 다음 날 병원에 들고 가서 염색을 해서 말라리아 원충이 보이는지 검사했다. 그러다가 아예 현미경과 염색 시약을 집에 마련해두고 검사를 하게 되었다. 아이들은 열이 나면 열 때문에 힘들기도 했지만, 자꾸 손가락을 바늘로 찌르니 더욱 힘들어했다. 말라리아 검사를 하기 싫다고 울었다. 차츰 열대병에 대한 경험이 생기면서 말라리아 검사 빈도는 줄었다. 하지만 검사 없이 말라리아 진위를 판단할 수는 없다. 어느 날 아이들이 열이 났지만 나는 말라리아가 아닌 것 같아 검사를 하지 않았는데 아내가 말라리아에 걸리지 않은 것이 확실하냐고 물어 검사를 하지 않을 수 없었다. 말라리아에 걸리지 않는

무사히 잘 자라난 아이들과 함께 퀸 엘리자베스 국립공원에서.

가장 확실한 방법은 모기에 물리지 않는 것이다. 하지만 1년 내내 여름인 열대지방에서 모기에 전혀 물리지 않을 수는 없으니 물리는 빈도를 최대한 줄여야 했다. 이 때문에 우간다에서는 1년 내내 모기장을 사용해야 한다.

모기도 우리를 힘들게 했지만 무엇보다 아이들을 괴롭힌 것은 벼룩이었다. 치안이 좋지 않은 곳에서 자구책으로 가장 믿음직한 방법이 개를 기르는 것이다. 우간다에서 애완용으로 개를 기르는 사람들은 외국인뿐이고, 대부분은 방범을 목적으로 기른다. 우리도 개들을 길렀다. 그런데 문제는 담장이 허술해 개들이 집 안에만 있지 않고 구멍을 통해 바깥으로도 나가는 것이었다. 나가서 동네 개들과 싸우기도 하고 어울려 다니니 개벼룩을 달고 다녔다. 정기적으로 개 샴푸로 씻겨줘도 벼룩을 완전히 박멸할 수 없었다. 모기에게 물리면 가려움증이 오래가지는 않는다. 하지만 벼룩에게 물리면 가려움증이 오래간다. 어른들은 어느 정도 참을 수 있으나 아이들은 물린 곳을 계속 긁었다. 가렵지 않게 약을 발라주며 긁지 말라고 해도 아이들은 자제력을 발휘하기 힘들다. 특히 막내는 다리를 하도 긁어 다리에 상처가 끊이지 않았다.

감각이 예민한 아내는 개벼룩을 잘 잡았다. 나는 물린 다음에야 아는데 아내는 벼룩이 몸에 붙으면 바로 느꼈다. 처음에는 벼룩을 잡아도 죽이기가 쉽지 않았다. 벼룩의 껍질이 딱딱해 손으로 눌러서는 쉽게 죽지 않기 때문이다. 또 누르는 과정에서 힘이 조금이라도 느슨해지면 튀어서 도망갔다. 뛰어야 벼룩이라는 말이 있지만, 실제로 뛰어 달아나는 벼룩을 다시 잡기란 쉽지 않다. 그래서 발견한 방법이 벼룩을 익사시키는 것이었다. 병 안에 물을 넣어두고 잡은 벼룩을 그 안에 빠트리면 도망가지 못하고 죽었다. 집에서 개를 기르고 있는 동안에는 벼룩으로부터 자유로울 수 없었다. 벼룩이 없어졌나 생각이 들면 다시 돌아오곤 했다.

첫 성탄절에
이사를 가다

대사관에서 얻어준 캄팔라 내 첫 번째 집은 지금 생각해보면 아주 좋은 집이었는데 당시에는 지내기가 힘들었다. 근방에 유명한 술집이 있어 주말만 되면 시끄러운 음악을 들어야 했다. 우간다에서는 소음 규제를 하지 않아 사람들이 음악을 크게 트는 경우가 많다. 담도 갈대로 만든 허술한 것이어서 음악 소리가 그대로 집으로 들려왔다. 소음 때문에 잠을 자기 힘들어 6개월 만에 이사했다. 이사한 날은 우간다에서 처음 맞는 성탄절이었다. 이날 이삿짐을 싣고 가는 차를 보고 사람들은 이상한 눈으로 쳐다보았다.

우간다에서 집을 고를 때 중요한 요소 중 하나가 소음 여부다. 언덕 위에 있는 집이 낮에는 경관이 좋아 그럴듯해 보이지만 밤에는 소음 지옥이 될 가능성이 높다. 밤에 소리는 위로 올라오고, 소음에 관대한 이 나라에서는 소음 때문에 경찰을 부를 수도 없기 때문이다. 캄팔라에서 다섯 번째로 거주했던 집이 언덕 위에 있었다. 낮에는 인근에 위치한 마케레레 대학교가 내려다보이고, 저녁에는 석양을 감상할 수 있었다. 그 집에 거하기 전에는 석양이 그렇게 아름다운지 알지 못했다. 석양의 아름다움을 결정하는 것이 구름이다. 석양의 색깔과 아름답게 수놓인 구름을 바라보면 누구나 시인이 될 수 있을 것 같았다. 그 집은 저녁까지는 완벽한 집이었지만 밤이 문제였다. 아래쪽에 있는 술집에서 시끄러운 음악 소리가 자주 들렸다. 한 번은 인근에 있는 집에서 파티를 했는데, 스피커를 엄청 크게 틀어놓았다. 베이스가 많은 곡이 나올 때는 창문이 수시로 부르르 떨렸다. 그 정도면 가슴까지 답답해진다. 이제나 저제나 음악이 끝나기 기다려도 파티는 새벽까지 이어지기 일쑤다. 인근에서 파티가 벌어지면 잠은 포기해야 했다.

그러나 캄팔라에서 집을 구할 때 가장 중요한 점은 치안이다. 집이 그럴 듯하게 보이고 월세가 싸도 주변 환경이 좋지 못하면 그 집을 선택하지 않는 것이 좋다. 싼 집이 결코 싸지 않다는 것을 나중에 겪게 된다. 도둑이나 강도를 맞으면 돈만 잃는 게 아니라 정신적인 충격을 받아 그 집에서 살기가 힘들어진다. 두 번째로 중요한 것은 안정적인 수도와 전기 공급이다. 이 때문에 캄팔라 중심에 있는 콜로로와 나카세로 지역 집들이 가장 비싸다. 이 지역들은 치안도 좋고 전기와 수도가 거의 끊어지지 않았다. 이뿐 아니라 도심에 있어 요즘같이 교통 혼잡이 심한 시대에는 출퇴근 시간도 많이 절약하게 된다.

캄팔라에서 총 일곱 번 이사를 다녔다. 어떤 때는 집주인이 세를 올려달라고 해서, 다른 때는 집주인이 아들에게 집을 줘야 한다고 해서 등등. 어디에서나 이사는 쉽지 않겠지만 특히 우간다에서 이사를 하는 것은 큰 스트레스였다. 전문적인 이삿짐 센터가 없어 직접 화물차를 빌리고 짐을 옮길 사람들을 고용해야 하는데 이들을 관리하고 물건이 없어지지 않게 감시하는 것이 쉽지 않기 때문이다. 캄팔라에서는 낮에 이사를 하면 그 집에 어떤 물건들이 들어오는지를 본 이웃 사람들이 도둑이 될 가능성이 많아 대부분 밤에 이사한다. 또 별로 살림이 없어보여도 막상 이사를 하려면 이삿짐이 만만치 않은 것을 알게 된다. 캄팔라에 와서 이사 스트레스 때문에 항상 간편하게 살려고 노력하게 되었다. 🐦

우간다에서는
큰 열쇠 꾸러미가 필수

우간다에서는 대부분의 사람이 큰 열쇠 꾸러미를 가지고 다닌다. 도둑이 많으니 집들을 여러 겹으로 채워놓으려면 자물쇠가 많이 필요하기 때문이다. 물라고 병원에서도 많은 열쇠가 필요했다. 4층 내과 사무실로 들어가는 열쇠, 그 안에 있는 내 방에 들어가는 열쇠, 책상 서랍 열쇠, 내과 화장실 열쇠, 내가 일하는 병동 화장실 열쇠, 내시경실 열쇠, 내시경실 안 내시경 장롱 열쇠, 거기에다 자동차 열쇠, 집 현관 열쇠 등 10개가 넘는 열쇠를 가지고 다녀야 하니 열쇠 꾸러미가 필요할 수밖에 없다. 그런데 우간다에서 파는 자물쇠들은 품질이 떨어져 쉽게 고장 나는 경우가 많아 수시로 자물쇠를 바꿔야 한다. 자물쇠가 바뀌면 당연히 새 열쇠를 복사해야 한다. 우간다에 정착하는 초기에 가장 자주 들렀던 가게가 열쇠집이었다. 다함께 잘사는 사회가 되지 않으면 조금 더 잘사는 사람들의 생활 방식도 힘들어진다. 모든 것을 자물쇠로 채워두고 열고 잠그는 수고를 해야 한다. 비즈니스 하는 분들은 더 심해서 이들은 아침저녁으로 기본 10여 개의 자물쇠를 열고 잠가야 한다.

그래서 병원에서 가장 불편한 것 중 하나가 화장실에 가는 것이었다. 일반 환자용 화장실은 너무 더럽고 냄새가 많이 나고, 병원 직원들이 쓰는 화장실은 자물쇠로 잠겨 있기 때문이었다. 열쇠라는 것이 항상 있는 자리에 있으면 좋겠지만, 그렇지 않은 경우가 더 많은 것 같다. 이 때문에 화장실에 갈 때면 열쇠를 찾느라 본의 아니게 병동 간호사들에게 신고를 해야 했다. 병원뿐만 아니라 대

부분의 건물 화장실도 자물쇠로 잠겨 있다. 이 때문에 우간다에서
는 집을 나서기 전에 화장실을 다녀오는 것이 필수적이다. 현지인
들처럼 길거리에 실례를 할 염치가 있다면 모를까.

개성인삼을
맛보다

내가 우간다에 도착하기 2년 전인 1990년 김일성의 초청으로 우간다의 무세베니 대통령이 북한을 방문하는 등 북한과 우간다는 매우 친밀한 관계를 유지하고 있었다(무세베니의 한국 첫 방문은 2013년). 그래서 우간다에는 북한 사람들이, 특히 군사 고문단들이 파견되어 있었다. 2000년대에 들어서는 외화 벌이를 위해 의사와 간호사 등도 많이 나왔지만, 초기에는 거의가 군사 고문단이었던 것 같다. 당시 우간다 군인들은 한국에서 생산된 군복과 군화를 착용하고는 북한제 AK 소총을 소지하고 북한식 훈련을 받았다. 군대뿐만 아니라 경찰 쪽에도 격투기를 가르치는 북한 교관들이 나와 있었다. 한번은 어느 우간다인이 한국대사관으로 전화를 했는데, 한국인이 교통사고를 당해 물라고 병원에 입원해 있다는 것이다. 대사관에서 급히 한국 교민들에게 연락을 해보았는데, 사고를 당한 사람이 없었다. 대사관에서는 사고를 당한 사람이 북한 사람일 가능성이 많다고 추정했다. 우간다 사람들은 동양인들 특히, 한국인과 일본인, 중국인들을 구별할 줄 모른다. 또 대부분은 북한과 남한을 구별하지 못한다.

한국대사관의 이 서기관님이 물라고 병원에서 일하는 내게 확인을 부탁했다. 응급실과 외과병동에는 한국인 환자가 없었다. 그래서 6층에 가보기로 했다. 물라고 병원 5층까지는 일반 환자용 병동이지만 6층은 개인 전용 병동이다. 즉 개인 돈을 내는 사람들이 입원한다. 아니나 다를까 그 환자는 6층에 입원해 있었다. 입원실을 찾아 들어가니 북한 사람들이 몇 명 와 있었다. 인사를 하니 "어떻게 왔시요?"라고 반문했다. 물라고 병원에서 일하는 한국인 의사인데 같은 동포가 다쳤다는 소식을 듣고 왔다며 도울 것이 있으면 돕고 싶다고 했다. 실제로 개인적으로 가지고 있는 약제가 있었기 때문에 동포를 돕고 싶었다. 당시 남북관계가 별로 좋지 않아 조심스럽기도 했다. 그런데 "일없습네다"라는 답을 듣고 겸연쩍어서 알겠다고 답하고 내려왔다. 나중에야 북한에서는 '일없습네다'라는 말의 뜻이 '상관하지 마라'라는 뜻이 아니라 '괜찮다'라는 뜻인 것을 알게 되었다. 이것이 북한 동포들과의 첫 만남이었다. 그 후로는 북한 사람들이 종종 나를 찾아왔다. 주로 병원의 내 사무실로 찾아왔지만, 어떤 때는 북한 의사가 북한 환자의 흉부 엑스레이 사진을 들고 우리 집까지 찾아오기도 했다. 대부분 다른 병원에서 먼저 치료를 받았지만 호전이 없었던 환자들이었다. 다행히 치료 경과들이 좋아 감사해했다. 그중에는 몇 번 방문한 후 선물을 들고 온 사람도 있었다. 북한산 목걸이와 개성인삼이었다. 한국에서도 볼 수 없던 걸 머나먼 타지에 나와 보게 되다니! 그 귀한 개성인삼으로 삼계탕을 만들어먹었다. 삼계탕을 만드는 데 필요한 다른 재료들은 없었지만 맛은 좋았다.

북한 사람을 만났을 때는 대사관에 가서 만난 경위를 신고해야 했다. 이후 한국대사관이 철수한 뒤 남북관계가 미묘해질 때마다 케냐에 있는 대사관에서 주의보가 내려졌다. 북한 사람들이 납북을 시도할지도 모르니 주의하라는 내용이었다. 사실 한국대사관은 없고, 북한대사관만 있는 우간다는 위험 지역이었다.

북한 사람에게 선물로 받은 개성인삼.

우간다에서의
악전고투

1기 정파의 가운데
나 혼자 남다

우간다로 파견된 지 2년이 되었을 때 코이카와 처음으로 계약을 갱신했다. 그때 코이카 정파의 1기로 다른 지역에 가셨던 동기들의 소식을 듣게 되었다. 나미비아에 가셨던 이 선생님은 첫 계약 기간을 마친 후 갱신을 하지 않고 귀국하셨다고 했다. 스와질란드로 가셨던 진 선생님은 계약 기간을 채우지 못하고 파견 1년 만에 중도에 계약을 해지하고 돌아가셨다고 했다. 코이카 1기 정파의로 파견된 사람 가운데 나 혼자 남은 것이다. 내가 계약을 연장한 해인 1994년에 주우간다 한국대사관이 철수했다. 정치외교적인 이유였는데, 남북한이 유엔에 동시에 가입하면서 이전에 개설했던 아프리카 공관들을 철수하는 분위기였다. 내가 우간다에 도착했을 때 이미 주르완다 한국대사관은 철수하여 그곳에서 사용하던 벤츠 승용차와 몇몇 물품들이 주우간다 한국대사관으로 이전되어 사용되고 있었다. 1994년에는 김영삼정부가 들어서면서 정부 예산 10퍼센트 감축을 약속했는데, 외무부에서는 그걸 시행하기 위해 몇 곳의 대사관을 폐쇄했고 그중의 하나가 우간다였다. 대사관 철수 당시 대사관저를 매각한 것이 아쉽다. 축구장 절반 넓이가 넘는 땅이었는데 제값을 받지 못하고 매각한 것이다. 지금 그 정도 땅을 다시 사려면 적어도 30배는 주어야 하지 않을까 싶다.

반면 한국이 우간다에서 대사관을 철수하던 해에 일본은 우간다에 대사관을 신설했다. 더군다나 한국은 바로 그해에 탄자니아에 새롭게 대사관을 신설했다. 우간다 정부에서는 한국대사

★ 아그레망(agrément)은 대사나 공사 등 외교 사절을 다른 나라에 파견하기 전에 파견국이 상대국으로부터 받는 동의를 뜻하는 프랑스어이다.

관이 우간다에서 탄자니아로 옮겨간 것으로 오해했고 무척 섭섭해했다. 우간다에서 대사관 철수 후 주케냐 대사가 주우간다 대사도 겸임했지만 좀처럼 아그레망*을 주지 않아, 어떤 대사는 임기가 거의 마칠 때가 되어서야 겨우 우간다를 방문하기도 했다.

이렇게 마음을 상하게 해놓았는데 막상 급한 일이 있을 때는 대통령 특사들이 우간다를 방문해 한국을 지지해줄 것을 호소했다. 2002년 세계박람회 개최권 때문에 2000년 초반 정통부 장관이 대통령 특사 자격으로 우간다를 방문했다. 당시 한국 여수와 중국 상하이 사이에 투표전이 있었는데 우간다의 표를 얻기 위한 것이었다. 우간다는 한국대사관 철수 때문에 한국에 대한 앙금이 남아 있었던 상태였다. 한국과 달리 중국은 우간다에 엄청난 투자를 하면서 캄팔라 인근에 축구장까지 건설해준 상태였다. 이런 상황에서 특사를 보낸 게 안타까웠다. 결국 상하이에 밀린 여수는 훗날인 2012년 개최권을 따내는 데 만족해야 했다.

중국이 캄팔라에 지어준 축구장.

주우간다 대사관이 철수할 때 당시 우간다 외무장관이었던 폴 세모게레레가 한국 외교관들을 캄팔라 쉐라톤 호텔로 초청해서 마지막 오찬을 베풀었다. 당시 대사님은 우간다에서 한국대사관을 철수하는 것은 본국의 판단착오이며 우간다에 다시 대사관이 개설될 것으로 본다고 하셨다. 그분 말씀대로 2011년 12월 13일 다시 한국대사관이 우간다에 개설되었다.

평균수명이
짧은 이유

그 오찬이 있을 당시 한국은 성수대교 붕괴 사고로 시끄러 웠다. 이 뉴스는 우간다 신문에도 실려 한동안 얼굴이 화끈거렸 다. 우간다 외무부 관리들도 이 소식을 알고 있었다. 그런데 그들 은 멀쩡한 다리가 무너진 것보다 서울 시장이 다리 붕괴의 책임 을 지고 사표를 냈다는 것을 이해하지 못했다. 시장이 서울에 있 는 그 많은 다리를 어떻게 다 감독하겠느냐는 것이다. 그런데도 책임을 지고 사표를 내다니 그들로서는 이해가 되지 않는 일이었 다. 우간다 관료들은 신문에 독직 사건이 실려도 아무 일도 아니 라는 듯 자신의 자리를 지킨다. 이런 그들의 눈에는 다리가 무너 져내려 사람들이 많이 죽은 것보다 서울 시장의 사표가 이해되지 않는 일이었다.

당시 우간다에서 활동하던 반군 몇 단체가 있었는데, 그중 한 반군이 우간다 보건부 장관을 납치했다가 풀어준 사건이 있었 다. 그런데 그 장관이 탔던 차에 물라고 병원 내과 동료의 아내가 함께 있었고 그녀의 속옷이 차 안에 있었다고 신문에 보도되었 다. 이런 일이 한국에서 발생했다면 그 동료의 인생은 거의 끝이 났겠지만, 그는 아무렇지도 않은 듯 의대 학장에 출마했고 당당 히 당선되었다. 우간다 사람들은 한국 사람들에 비해 얼굴이 두 꺼운 것인지도 모르겠다.

우간다에서는 홍수로 인해 다리가 떠내려가 사망 사고가 종종 생긴다. 그 무렵 물라고 병원에서 함께 근무하던 의사 세 명 과 간호사 한 명이 홍수로 인한 다리 붕괴 때문에 사망한 사고가

있었다. 이들은 지인의 장례식에 참석하러 시골에 갔다가 변을
당했다. 네 명이 함께 승용차를 타고 갔었는데 이들이 시골로 갈
때는 멀쩡했던 다리가 장례식이 열리는 사이에 내린 스콜로 인해
홍수가 생겨 다리가 떠내려가 버렸다. 캄팔라로 돌아올 때는 밤
이라 시야가 좋지 않았고, 갈 때 멀쩡했던 다리가 없어졌을 것이
라고는 상상하지 못해 정상 속도로 지나가려다가 강으로 추락한
것이었다. 이 사고로 사망한 의사들은 내가 잘 모르는 사람들이
었지만, 간호사는 내과 외래에서 근무하던 사라였다. 사라는 천
식을 앓고 있어서 나에게 진료를 받고 있었다. 당시 내과 외래에
는 제대로 일을 하는 간호사가 거의 없었다. 환자들이 밀려 있어
도 간호사들끼리 차를 마시며 잡담을 하거나 신문을 보고 있는
경우가 대부분이었는데 사라는 유일하게 일을 열심히 했었다. 그
녀의 사망이 더욱 안타까웠다.

　　우간다에서 아는 사람들이 갑자기 보이지 않아 다른 사람
에게 소식을 물으면 며칠 전에 사망했다는 말을 듣는 경우가 많
다. 갑자기 사라지는 사람들은 대부분 젊은 사람들이었는데, 에
이즈 환자인 경우가 많았다. 에이즈 치료약이 없던 당시, 에이즈
의 특성상 면역력이 떨어진 사람들이 비교적 정상 생활을 하다
가 갑자기 걸린 기회감염(機會感染, 병원성이 없거나 미약한 미생물
이 극도로 쇠약한 환자에게 감염되어 생기는 질환)으로 사망하는 것이
다. 하지만 이들은 에이즈 감염 사실을 숨기고 있기에 주변 사
람들은 평소에 건강했는데 갑자기 두통을 호소하다가 사망했
다거나 갑자기 폐렴에 걸려 사망했다고 말한다. 이뿐 아니라 우
간다에서 교통사고로 인한 사망도 많다. 길이 좋지 않은 곳에서
과속하다가 대형 사고를 내는 경우가 흔하다. 세계에서 교통사
고 사망률이 가장 높은 곳이 사하라 이남 아프리카다. 우간다에
서도 교통사고로 인해 수많은 인명피해가 난다. 물라고 병원 응
급실로 들어가는 입구에는 여기저기 핏방울이 떨어져 있는 경
우가 많다. 여기에다 다리 붕괴같이 어처구니없는 사고까지 나

니 국민의 평균수명이 짧아질 수밖에 없는 것이다. 이 사고 소식을 들은 후 다리가 있는 곳에 접근하면 차 속도를 줄이게 되었다.

르완다 사람의 시체가
떠내려오다

1994년 르완다대학살 사건에 전 세계가 경악했다. 후투족과 투치족의 갈등이 어제오늘 일이 아니었지만, 이때 터진 대학살은 그 정도가 지나쳤다. 우간다에서도 BBC 뉴스를 통해 연일 끔찍한 소식을 접할 수 있었다. 이때 사망한 인원이 얼마인지 정확한 집계를 낼 수조차 없는데 대체로 100만 명이 사망했다고 여겨진다. 워낙 많은 사람이 학살당했기에 르완다에서 시체가 강과 호수를 타고 엔테베까지 떠내려오기까지 했다. 이 때문에 유럽은 우간다산 물고기의 수입을 한동안 금지시켰다. 우간다에서 유럽으로 수출하는 물고기들은 나일 농어(Nile perch)나 틸라피아(Tilapia) 등이었는데 이들은 육식성인 농어과 물고기여서 호수에 떠 있는 인육을 먹었을 수도 있기 때문이었다. 당시 우간다 수출품 중 2위가 물고기였기에 이로 인해 큰 손실을 입었다.

살아남은 르완다 사람들의 증언을 들어보면 정말 끔찍한 일들이 많았다. 어제까지 학교 기숙사 같은 방에서 공부하던 친구가 팡가(panga)라는 큰 칼을 들고 죽이러 와서 도망쳤는데 뒤를 돌아보았을 때 팡가를 든 친구의 눈빛이 너무 무서웠다는 이야기, 사랑을 전파하던 가톨릭 신부의 배신으로 많은 사람이 성당에서 죽임을 당한 이야기, 가족을 잃고 혼자 살아남기 위해 고생한 이야기 등등. 듣는 것도 힘든 일이었다. 그런데 어떻게 이런 일이 일어날 수가 있었을까? 또 사랑과 용서를 가르치던 사람들이 어떻게 살인자로 변할 수 있을까? 모두가 피해자라고 할 수 있겠지만 여성들의 피해가 극심했다. 살인과 강간, 약탈이 그들을 덮쳤다. 겨우 살아남은 여성 가운데는 이 기간 동안 당했던 성폭행으로 인해 에이즈에 걸린 여성도 많았다.

결국 그 싸움은 우간다 대통령 휘하에 있던 폴 카가메가 르완다애국전선(RPF)을 이끌고 르완다를 평정함으로 대단원의 막을 내렸다. 하지만 사랑하는 가족들을 잃은 사람들의 한이 쉽게 풀릴 리가 없다. 시간이 꽤 지나 2004년에 개봉된 〈4월의 어느 날(Sometimes in April)〉을 제자들과 함께 본 적이 있다. 르완다대학살을 배경으로 만든 영화인데, 나도 르완다를 방문한 후 시청하니 더 가슴이 저몄다. 그런데 제자들 가운데 그 사건의 피해 측인 투치족 출신 의사도 있었다. 그는 이 영화를 보는 내내 흐르는 눈물을 감추지 못했다. 다행히도 폴 카가메 대통령은 아프리카에서 찾기 힘들 정도의 뛰어난 지도력으로 나라를 안정시켰다. 1994년에는 세계에서 가장 가난한 나라였지만 지금은 일인당국민소득이 우간다를 앞질렀다. 하지만 지금도 르완다의 수도 키갈리에서는 1년에 한 번 있는 조문 기간에 수류탄 투척 사건이 발생한다고 한다. 그곳에도 어서 빨리 진정한 평화가 찾아오길 바란다.

어떤 사람들은 이런 일은 아프리카에서나 벌어질 수 있다고 말했다. 하지만 르완다 사태의 상처가 가라앉기도 전에 일어난 유럽 발칸반도의 학살 사건을 통해 이런 일은 아프리카에서나 일어나는 일이 아니라 세계 어디에서든지 일어날 수 있다는 것이 증명되었다. 원한은 원한을 낳고 복수는 복수를 낳는다. 아프리카인은 전통적으로 복수를 하지 않으면 겁쟁이라고 생각한다. 하지만 진정으로 위대한 사람은 용서할 수 있는 사람이다. 남아공에서 인종의 화합과 공존을 위해 용서와 화해의 방식을 채택했던 넬슨 만델라는 이 복수의 악순환을 끊어낸 위대한 인물이다. 아프리카에서 겪어보니 금세기 인물 가운데 가장 위대한 인물이 만델라인 것 같다. 아프리카에서는 넬슨 만델라의 영향력이 절대적이다. 그래서 우간다에서도 그를 기리기 위해 캄팔라에 있는 축구장 이름을 만델라 스타디움으로 정했다.

우간다에서 가장 위험한 기간,
선거철

우간다의 현 대통령인 무세베니는 1986년에 집권했다. 그 이전의 우간다는 무력에 의한 잦은 정권 교체로 끊임없이 혼란스러웠다. 그래서 우간다에 처음 왔을 때 만나는 사람들에게 빠지지 않고 들었던 이야기는 우간다 내전에 관한 것이었다. 전쟁으로 인해 집에 들어가지 못하고 숲 속에서 숨어 지냈다는 이야기, 동네 사람들이 총을 맞고 죽을 때 도망쳤던 이야기, 학교에 가면서 길가에 사람들이 숨겨 있는 것을 보았다는 이야기 등 끔찍한 경험들이었다. 하지만 현 대통령이 집권한 이후로는 그런 일이 크게 줄어들었다. 그는 독재를 했으나 치안을 확보함으로 국민의 지지를 받게 되었다. 캄팔라는 1992년에는 낮에도 시내를 걸어다니기 위험한 도시였으나, 몇 년 지나지 않아 밤마다 들리던 총소리도 사라지게 되었다. 1990년대 초에는 반군이 네 개나 있었으나 코니 반군을 제외한 다른 반군들을 제압하여 자신감이 생긴 무세베니는 정권을 잡은 지 10년이 된 1996년에 첫 대통령선거를 시행했다. 그의 상대는 외무장관이었던 폴 세모게레레였다. 무세베니 대통령은 첫 선거에서 압승을 거두었고, 그 후 5년마다 시행된 선거에서 계속 승리했다.

2001년부터는 키자 베세지에가 경쟁자로 나섰으나 2006년, 2011년까지 세 차례 모두 패배했다. 2001년 선거 후 베세지에는 선거 결과에 불복해 법정으로 갔다. 조사 결과 심한 부정이 발견되었다. 대법원에서 다섯 명의 판사들도 모두 현 정권의 금권과 강권이 선거에 개입했음을 인정했으나 선거 결과를 무효로 하자는 판단은 3대 2로 부결되었다. 곧 베세지에는 반란죄 혐의로 경찰에 연행되었고 감금되었다. 3개월 후 그는 미국을 거쳐 남아공으로 망명을 떠났다. 2005년 그가 우간다에 돌아왔을 때 수만 명의 환영 인파가 엔테베 공항에 몰렸으나, 그는 곧 체포되어 구금되었다. 2006년 선거 후 다시 법정 공방이 전개되었으나 이번에는 4대 3으로 선거 결과가 유지되었다. 베세지에는 네 차례에 걸쳐 체포, 구금되었다.

대통령선거는 항상 위협적인 분위기에서 진행되었다. 군중 집회가 열리는 곳에는 총소리가 뒤따르는 경우가 많았다. 첫 대선 당시 내가 살고 있던 집에 큰 개가 두 마리 있었다. 그런데 총소리가 들리니 개들이 짖기는커녕 차 밑으로 숨어들었다. 우간다에서는 사람들이 개를 많이 무서워한다. 왜냐하면 개에 물려 공수병으로 죽는 사람들이 많기 때문이다. 일하던 병원에서도 공수병 환자를 몇 명 보았는데, 입원 당시는 별로 중하게 보이지 않았지만(상대적으로 워낙 중한 환자들이 많아서) 며칠 후면 어김없이 사망했다. 그래서 치안 목적으로 개를 기르는데, 덩치 큰 개도 총 앞에서는 아무런 소용이 없었다.

선거철이 되면 우간다에 있는 외국인은 대부분 인근 나라로 피신해 있다가 선거가 끝나면 돌아오곤 했다. 선거일이 다가오면 우간다 대학들은 휴교에 들어간다. 선거일에는 외국인뿐만 아니라 우간다인도 긴장한다. 선거 결과에 따라 어떤 일이 일어날지 모르기 때문이다. 2011년 대통령 선거일에 캄팔라 시내에 나가보았더니 믿을 수 없을 정도로 조용했다. 평일 오후인데도 길가에 다니는 사람들이 없고, 도로에 다니는 차도 없었다. 캄팔라에 살면서 시내가 그렇게 조용한 것을 처음 보았다. 아마도 우간다에서 가장 위험한 기간이 매년 연말과 대선이 있는 해인 것 같다. 매년 연말은 크리스마스 선물을 준비해야 하는데 돈이 없으니 강도와 도둑질이 심해진다.

삶의 질을 떨어트리는
곤충들

우간다는 정치경제적으로 많은 문제가 산재해 있지만, 자연
은 정말 아름답다. 어릴 때에는 삼천리 금수강산이 가장 아름다
운 곳이고, 한국의 가을 하늘이 세계에서 가장 아름다운 줄 알았
다. 하지만 아프리카에 와보니 한국보다 훨씬 아름다운 곳이 많
았다. 한국은 가을 하늘이 아름답지만, 우간다의 하늘은 항상 아
름답다. 미국 오대호 주변도 아름답지만, 이곳 빅토리아 호수 주
변은 꾸미지 않은 아름다움이 있다. 아름다운 만큼 동식물이 살
기 좋은 환경이라 각종 곤충도 많다. 가장 위험한 곤충은 모기나.
말라리아뿐만 아니라 황열, 상피증(사상충으로 인해 다리가 코끼리
처럼 붓는 질병)을 일으키는 것도 모기다. 이 때문에 우간다에서는
항상 모기장을 치고 자야 한다. 처음에는 허리를 구부린 채 모기
장을 들어갔다 나왔다 하는 것이 무척 귀찮았지만 곧 익숙해졌
다. 대부분의 창문에 방충망이 달려 있지만 어떻게든 모기는 들
어온다. 모기가 없는 듯해도 불을 끄고 어두워지면 어디에서인가
모기가 '앵' 소리를 내며 달려든다. 우간다에서 구할 수 있는 모
기장은 유럽식이라 보기에는 좋지만 사용하기에는 불편하다. 다
리를 모포 안에 넣어두어야 하고 모기장이 머리에 닿기 때문이
다. 그래서 처음 한국으로 휴가를 갔을 때 바로 모기장을 구했다.
그런데 시기가 여름이 다 지나가는 때여서 모기장을 구하기 쉽지
않아 이곳저곳을 다녀야 했다. 사촌누님의 도움을 받아 대구 서
문시장에서 큰 모기장을 구할 수 있었다. 역시 모기장은 한국 모
기장이 최고였다.

모기 말고도 삶의 질을 떨어뜨리는 곤충들이 많다. 사람 사는 곳에는 어디에나 있다는 바퀴벌레는 우간다에도 많은데 이들 중에 크기가 엄청나고 날아다니는 녀석들이 있어 사람들을 놀라게 하기도 한다. 이 녀석들은 웬만한 비닐을 뚫을 수 있기 때문에 음식을 잘 보관해야 한다. 한번은 책상 서랍에 넣어둔 청진기의 귀 부분 고무캡을 뜯어먹기도 했다.

개미들도 많은데, 정말 크기가 다양하다. 어떤 지역에는 무척 작은 개미들이 있고, 다른 지역에는 큰 개미들, 또 다른 지역에는 불개미들이 있어 조심해야 한다. 우간다에 한국 의대생들이 임상 실습을 온 적이 있다. 지금까지 경북대에서 두 차례, 연세대에서 한 차례 선택 실습을 하러 마케레레 대학교와 물라고 병원으로 왔었다. 한번은 한국 의대생들과 주말에 진자에 갔었다. 진자는 캄팔라에서 80킬로미터 정도 떨어진 곳에 있는 우간다 제2의 도시로 나일 강의 발원지가 있다. 빅토리아 호수와 나일 강 인근이라 경관이 아름다운 곳이 많다. 그 가운데 부자갈리 폭포에 갔는데 폭포는 그리 높지 않지만 수량이 풍부해서 물소리가 우렁차고 마음을 시원하게 해줬다. 그리고 부자갈리 지역은 세계에서 두 번째로 래프팅하기에 좋은 곳이라 많은 관광객이 모여들었다. 이제는 수력발전소를 위한 댐 건설로 인해 수몰되어 버렸지만. 후배들이 우간다를 방문했을 때는 폭포가 없어지기 전이었다. 이들과 나일 강 발원지와 부자갈리 폭포을 둘러보며 좋은 시간을 보냈다.

캄팔라로 돌아오는 길에 마비라 밀림에 있는 자그마한 공원에 들렀다. 그곳에서 준비해 갔던 간식도 먹고 맑은 공기도 즐기려 했다. 그런데 자리를 펴고 앉은 지 얼마 되지 않아 다리가 따끔했다. 옷을 들어보니 불개미들이 몰려와 있었다. 아무리 손으로 쳐도 떨어지지 않았다. 몸통이 분리되어도 머리는 떨어지지 않고 여전히 물고 있었다. 급히 자리를 박차고 일어나 몸에 붙은 개미들을 겨우 털어내고 빨리 자리를 떴다. 하지만 차 안에서도 다리를 무는 개미가 있었다. 급히 자동차에서 내려 옷을 벗고 개미를 떼어내야 했다. 이후로는 어디를 가든지 자리를 깔기 전에 개미가 있는지 먼저 살피게 됐다. 이 불개미 때문에 종종 사망자가 생기기도 한다. 1998년에 캄팔라에서 한 살 된 아이가 불개미에 물려 사망했는데 애 엄마가 한 살 된 아이와 네 살 된 아이를 집에 두고 며칠 들어오지 않았던 것이다. 개미 떼가 아이들을 덮쳐 작은 아이는 죽고 큰 아이는 주민들에게 구조되었는데 귀와 입에서 피를 흘리고 있었다. 아이들의 엄마는 아동방치죄로 구속되었다.

우리 가족은 당하지 않았으나 조심해야 할 것이 망고파리(Tumbu fly) 유충과 지거즈(Jiggers)다. 파리의 일종인 망고파리는 옷에 알을 까둔다. 그러면 애벌레가 깨어나 그 옷을 입은 사람의 피부를 뚫고 들어가 기생한다. 이 유충이 들어오면 처음에는 피부에 작은 농양이 생긴 것처럼 보이는데 자세히 보면 애벌레가 피부 안에 들어 있는 것을 알 수 있다. 숨을 쉬기 위해 벌레의 숨구멍이 오르락내리락하는 것이 보인다. 처리하는 방법은 바셀린을 애벌레가 들어 있는 곳 위에 살짝 바르는 것이다. 공기 전달이 되지 않으니 애벌레가 숨을 쉬기 위해 바깥으로 몸을 어느 정도 내밀 때 반대쪽에서 눌러 짜면 애벌레가 튀어나오게 된다. 한번은 우간다에서 친하게 지내던 한국 목사님 딸의 얼굴에 이 애벌레가 들어가 있는 걸 제거해주기도 했다. 아이 얼굴에 흉터가 생기지 않기를 바랐다. 지거즈는 일종의 진드기인데 풀밭에 있다가 사람의 발가락 사이에 파고 들어온다. 당연히 염증이 일어나고 아프다. 어떤 경우는 이 진드기 감염으로 파상풍에 걸리기도 한다. 이 벌레를 제거하는 방법은 따로 없다. 무식하게 바늘로 살을 뒤집어 벌레들을 제거해야 한다. 지거즈 때문에 우간다에서는 신발을 제대로 신고 다녀야 한다. 하지만 우간다에 갔을 당시 수도인 캄팔라만 벗어나면 대부분이 맨발로 다녔다. 이 때문에 발이 지거즈에 감염된 환자를 자주 보았다. 다행히 요즘은 경제가 발전하면서 사람들이 신발을 신게 되었고 지거즈에 걸린 사람도 줄어들었다.

치명적인 병을 일으키는 곤충도 있다. 체체파리(tsetse fly)라는 녀석으로, 수면병을 일으킨다. 이 병은 트리파노소마(Trypanosoma)라고 불리는 원충에 의해 생기는 병으로 원충은 말라리아와 달리 적혈구에 들어오는 것이 아니라 혈장 내에 떠다닌다. 초기에는 귀 뒤쪽 임파선이 붓고 열이 나는 정도이지만, 신경계를 침범하면 오랫동안 혼수상태에 빠져 있다가 사망하게 된다. 이 때문에 수면병이라고 불리게 되었다. 이 아프리카 수면병은 사하라 사막 이남 지역 36개국에 퍼져 있는데 우간다에서는 주로 바소가족들이 살고 있는 진자나 이강가 지역에서 발생한다. 1960년대 이 병으로 인해 많은 사람이 사망했다. 수면병은 신경중추를 침범하는 2기가 되면 치료가 쉽지 않다. 물라고 병원에서 아프리카 수면병 환자를 본 적이 있는데 캄팔라에 치료약이 없어 환자를 약이 있는 지역의 병원으로 보내야 했다. 이 병에 걸리지 않으려면 체체파리가 사는 지역을 방문할 때 파리에 물리지 않도록 주의해야 하고, 만약 물리면 병이 심해지기 전에 적절한 치료를 받아야 한다.

우간다에서는 물도 조심해야 한다. 주혈흡충증(Bilharzia) 때문이다. 빅토리아 호수와 나일 강이 주혈흡충에 오염되어 있기에 호수물이나 강물의 접촉을 피해야 한다. 이 기생충은 유충이 물속에 있다가 사람의 피부를 뚫고 혈관 안에 들어가 기생한다. 대부분은 이 기생충에 걸리더라도 별 이상 없지만 일부는 간문맥 고혈압을 일으켜 토혈을 하게 되고 사망에 이른다. 그래서 우간다에 오는 분들에게 주는 주의 사항 가운데 하나가 빅토리아 호수나 나일 강 물을 접촉하지 말라는 것이다. 1990년대 초 한국 의료팀이 캄팔라 인근 빅토리아 호수를 접한 붕가 마을에서 주민들을 대상으로 대변 검사를 한 적이 있었다. 주민 대다수의 대변에서 주혈흡충이 검출되었다.

목숨을 위협하는
말라리아

1990년 중반 미국 뉴욕에서 단기 선교팀이 우간다를 방문했는데 팀원 모두가 말라리아에 걸려 고생한 적이 있었다. 그래도 나름 말라리아 대비를 한다고 말라리아 예방약까지 투여받으며 온 팀이었다. 문제는 예방약이었다. 그 약은 우간다에 만연한 말라리아에는 효과가 없는 것이었다. 말라리아 원충도 치료약에 저항이 생기기 때문에, 지역마다 말라리아 치료약과 예방약이 다르다. 현지에 있는 의사와 미리 상의를 하고 효과 있는 예방약을 사용했으면 좋았을 터였다. 한 팀원은 다른 사람들보다 일찍 발병해 팀원들과 함께 뉴욕으로 돌아가지 못하게 되었다. 결국 우리 집에 입원해 치료를 받았는데, 아주 드문 합병증이 발생해 말초혈관이 막히고 손발의 색깔이 변하고 있었다. 곧바로 치료했더니 다행히 좋아졌다. 이분이 만일 멤버들과 같이 미국으로 갔었다면 중간에는 손을 쓸 수 없으니 아마 손발을 절단했을지도 몰랐을 텐데 병이 일찍 나타난 것이 천만다행이었다. 그 후 소식을 들어보니 뉴욕으로 돌아간 분들 전원이 말라리아에 걸려 미국 병원 중환자실에 입원해서 치료를 받았다고 한다. 이처럼 열대지방을 방문하는 것을 결코 쉽게 생각해서는 안 된다. 말라리아를 비롯한 열대병을 충분히 숙지한 상태에서 계획을 세워야 그런 일을 방지할 수 있다.

말라리아는 아직도 세계적으로 매년 100만 명 이상이 사망하는 무서운 병이다. 말라리아 종류는 다섯 가지가 있는데, 우간다에서 발생하는 말라리아의 95퍼센트 정도가 열대성 삼일열 말라리아다. 다른 네 종류의 말라리아는 그 병 자체 때문에 사망에 이르지는 않는다. 하지만 열대성 삼일열 말라리아는 매우 치명적이다. 우간다에서도 매년 10만 명이 사망하는데 대부분이 5세 이하 어린이다. 매일 300명가량의 어린이가 우간다에서 말라리아로 인해 사망하고 있는 셈이다. 5세가 넘은 사람들은 대부분 말라리아에 대해 저항력이 생겨, 이 병으로 사망하는 경우는 극히 드물다. 하지만 에이즈에 걸린 사람들은 면역력이 약해져 말라리아도 심하게 앓을 수 있으니 조심해야 한다. 말라리아는 캄팔라가 위치한 우간다 중부 지방에서도 발생하지만 대부분 기온이 높은 우간다 동부와 북부 지역에서 많이 발생한다. 초기 증상은 감기 몸살과 비슷하기 때문에 감기에 걸린 것으로 오인해서 치료가 지연되는 경우가 많다. 하지만 치료 시작이 늦어지면 사망률이 급증한다. 대개 열이 난 지 5일이 지난 경우, 여러 가지 위독한 합병증을 일으키는 경우가 많다.

　　1990년대에 여러 교민이 차례로 말라리아에 걸려 우리 집에 입원했다. 물론 무료 치료였다. 집에 현미경과 말라리아 염색약을 갖춰두어서 언제든지 진단이 가능했다. 모두 여섯 분이 입원하셨는데 한 분을 빼고는 모두가 말라리아 혈액도말검사에서 4+를 보였다.* 이렇게 심한 말라리아에 걸리면 대부분은 정신을 제대로 차리지 못한다. 그중 한 분은 우리 집 이사를 도우며 무거운 냉장고를 혼자 든 장사였는데 말라리아에 걸려 찾아오셨을 때는 제대로 걷지도 못했다. 어떤 분은 계속 통증 때문에 끙끙 앓으셨고, 어떤 분은 멍하게 허공만 쳐다보고 있었다. 말을 걸어도 제대로 대답도 못했다. 이들에게 말라리아 주사약을 투여하니 호전을 보이기 시작했다. 24시간 지난 후에 먹는 약으로 바꾸어 귀가시킬 수 있었다.

　　조심해야 할 것은 우간다에 시판되는 말라리아 약이 가짜일 때가 있다는 것이다. 한번은 주사약 투여로 증상이 좋아져서 같은 종류의 먹는 약으로 바꾸어 귀가시켰는데 그다음 날 다시

열이 올라간다며 연락이 왔다. 다시 말라리아 검사를 해보니 말
라리아 수치가 올라가고 있었다. 가짜 약을 먹은 것이었다. 빨리
다른 약으로 바꾸었다. 사람의 생명을 다루는 약을 가짜로 만들
어 파는 사람도 있으니 돈의 유혹이 무섭기는 무서운 모양이다.
우간다에서 팔리는 약들은 대부분 인도에서 만들어진 복제약들
이라 가격이 무척 싸다. 하지만 약효를 믿을 수가 없어 필요한 양
보다도 높게 처방하게 되는 경우가 많다. 예를 들어 하루에 항생
제 1그램이면 충분하지만 혹시나 몰라서 2그램을 처방하는 식
이다.

　우간다에서 1992년부터 지금까지 한국인 네 분이 말라리
아로 돌아가셨다. 첫 사망 환자는 우간다에 있는 딸과 사위를 만
나러 오신 노인분이셨다. 우리 집에서 말라리아를 진단해 몰라고
병원으로 입원시켰으나 결국 회복하지 못하셨다. 우간다 교도소
에서 말라리아에 걸려 돌아가신 분도 있다. 이 경우는 처음부터
끝까지 안타까운 사건이었다. 이분은 한국에서 무슨 사건이 있었
는지 모르겠지만, 혼자 우간다로 와서 캄팔라 중심부에 있는 관
광호텔에서 장기간 숙박을 했다. 자신들과 피부색이 다른 사람
이니까 호텔 측에서는 당연히 숙박비를 내리라 생각했다. 그런
데 두 달이 넘어가도 숙박비를 내지 않으니 경찰에 신고했고, 그
분은 교도소에 갇히게 되었다. 교도소에 수감 중 말라리아가 발
병해 몰라고 병원으로 후송되었다. 나는 그런 사실을 모르고 있
었는데 회진 도중 치료실에서 그분을 보았다. 캄팔라에 외국인이
드문 시절이었는데 한국인이 환자로 입원해 있으니 반가웠다. 하
지만 그분 옆에서 교도관들이 지키고 있으니 마냥 반가워 할 수
도 없었다.

　교도소 의무실에서 보내온 소견서에는 환자가 열이 나서
말라리아 검사를 했지만 음성이었다고, 그래도 말라리아 약을 투
약한 후 환자를 보낸다고 적혀 있었다. 그때까지만 해도 순진했던
나는 그 소견서를 믿었다. 말라리아 검사에 음성으로 나왔고 말

라리아 치료까지 받았는데, 열이 계속되니 다른 원인이 있으리라 생각했다. 더군다나 그 환자는 옆에 있는 교도관들을 의식하면서 내게 눈을 깜박이는 모종의 사인을 보내왔다. 자신의 병이 심각한 것으로 교도관에게 알려달라고 하는 듯했다. 인턴에게 몇 가지 검사를 지시하고 일단 항생제를 투여했다. 그런데 다음 날 아침 일찍 병원에 나와서 그를 보니 얼굴에는 이미 사망의 그늘이 덮혀 있었다. 항생제가 투여된 상황에서 이처럼 빠른 병 경과를 보이는 열병은 말라리아가 틀림없었다. 그 자리에서 바로 말라리아 검사를 했다. 역시 말라리아였다. 아주 심한 4+였다. 한국 같으면 교환 수혈을 해야 할 정도로 심각한 상태였다. 급히 말라리아 주사제를 투여했으나 그 환자는 결국 사망했다.

교민회의 도움을 받아 캄팔라 힌두사원 화장터에서 화장했다. 이때부터 다른 병원이나 클리닉에서 보내오는 소견서는 믿지 않게 되었다. 환자들이 다른 병원이나 클리닉에서 말라리아로 진단받았고, 말라리아 치료제를 투약받았다고 해도 내 눈으로 보지 않으면 믿지 않게 되었다. 이 나라 임상병리 검사실 소견도 엉터리가 많다. 검사하지도 않았으면서도 한 것처럼 환자에게 결과지를 주기도 한다. 열이 나는 환자가 말라리아 검사를 하면 무조건 양성으로 검사 소견을 내는 병리 검사실도 있다. 반대로 말라리아가 있는데도 제대로 현미경을 들여다보지 않아서 음성이라고 결과를 내는 경우도 있다. 또 실제로 말라리아에 걸린 것이 맞고 검사를 제대로 했는데도 원충이 보이지 않는 경우도 종종 있어 반복 검사가 필요할 때도 있다.

이처럼 여러 이유로 말라리아 치료가 지연되어 사망하는 경우가 많다. 열대성 삼일열 말라리아를 초기에 치료하면 사망률이 0.1퍼센트 이하로 무척 낮지만 5일 이상 치료가 지연되어 합병증이 생기면 사망률이 100배로 뛰어올라 10퍼센트 이상이 된다. 그래서 더 안타까운 것이다. 더군다나 말라리아에 저항성이 없는 외국인은 병의 진행이 무척 빠르다.

우리나라에서 우간다와 같이 열대성 삼일열 말라리아가 있는 곳에 방문한다면 반드시 말라리아에 대해 기본 지식을 가지고 있어야 한다. 열대성 삼일열 말라리아의 잠복기는 대충 2주 정도 된다. 이 때문에 단기로 우간다를 방문하는 사람은 우간다에서 말라리아 모기에 물려도 증상이 나타나지 않다가 한국으로 돌아간 후 말라리아 증상이 나타난다. 열대지방을 방문한 후 열이 나면 반드시 말라리아 가능성을 염두에 두고 의사에게 열대지방을 방문했었다는 사실을 말해야 한다. 이 사실을 말하지 않으면 동네 내과에서 감기약을 처방받다가 치료 시기를 놓치고 뒤늦게 종합병원 중환자실에 입원하는 과정을 밟게 된다. 이런 경우 흔히 발생하는 부작용은 신부전이 와서 투석을 받는 것인데, 때로는 심각한 호흡기 부작용으로 인공호흡기 치료를 받아야 하는 상태가 되기도 하고 뇌성 말라리아로 경련을 일으키기도 한다. 그러면 사망하는 환자들도 생길 수밖에 없다.

2014년 말에 우산나를 방문했던 분이 한국으로 돌아간 후 다시 캐나다로 출장을 갔는데 그곳에서 열이 나고 몸살 기운이 있었다. 현지 병원에서 해열 진통제를 처방받아 복용하다가 한국으로 귀국했다. 다시 두통이 생겨 인근 내과에서 진통 해열제를 처방받아 복용했으나 증상에 호전이 없었다. 그는 말라리아 가능성을 생각해서 우간다에서 구입했던 말라리아 치료제 일회분을 복용했다. 다음 날 병원에 입원해 뇌수막염 검사, MRI 스캔, 말라리아 검사를 했다. 결국 고열과 두통이 지속되는 상황에서 우간다로 도움을 청해왔다. 우간다를 방문한 날부터 따져보니 잠복기도 거의 2주였다. 말라리아일 가능성이 무척 높았다. 말라리아 검사는 했냐고 물으니 검사는 했는데 결과가 나오는 데 이틀이 걸린다고 했다. 또 말라리아 약을 가지고 있어 복용하고 싶다고 하니 주치의가 복용하지 못하게 했다고 했다. 어처구니없는 쪽으로 진행되고 있었다. 괜히 내가 흥분해서 도대체 어느 병원에 입원해 계시냐고 물었다. 서울의 중소병원일 것으로 추측했는데 유명한 대학병원이었다. 주치의를 강력히 설득해서 약을 바로 투약하라고 했다. 설득이 되지 않더라도 말라리아 약을 투약하는 것이 좋을 것이라고 했다. 다음 날 다시 전화가 왔는데 말라리아가 확진되었다며 일회분을 그 대학에서 가진 약으로 주사를 하고 그다음 회분의 약은 국립의료원에서 공수되어 오기를 기다리고 있다고 했다.

말라리아는 특별한 치료법이 없는 에볼라 출혈열이나 뎅기열과는 달리 치료가 시급한 병이다. 염색 시약과 현미경만 있으면 15분 만에 진단이 되니 빨리 검사해야 한다. 그런데 한국에서는 이런저런 검사를 하느라 시간을 보내고, 검사 결과는 이틀 후가 되어야 나온다. 대학병원에도 말라리아 치료약이 없어 환자가 생기면 국립의료원에서 약을 공급받아야 한다. 이것이 한국에서 말라리아 환자들의 사망률이 높은 이유다.

사실 한국의 대학병원 급에는 치료약제가 있다. 퀴니딘이란 항부정맥제다. 이 약은 퀴닌보다 더 강력한 말라리아 치료 효과가 있다. 이 약은 심장에 부작용이 있어서 심전도를 모니터하면서 투약해야 한다. 하지만 심한 말라리아로 인한 위험성을 고려할 때 다른 말라리아 약이 공수되어 오기를 기다릴 것이 아니라, 이 약으로 먼저 치료하는 것이 좋다. 문제는 한국 의사들 중에 이런 처리를 할 만한 열대병 전문가가 거의 없다는 것이다. 한국에서 열대병 전문가를 양성하기도 쉽지 않다. 영국 등지에 있는 열대병 연구소에서 공부하고 열대지방에서 경험을 쌓은 후 한국에 돌아가도 취직하기도 힘들 테니까. 하지만 동남아시아 등에 대한 해외여행이 잦아졌는데도 대학병원 급에도 열대병 전문가가 없고, 치료약도 없는 현실이 걱정스럽다.

말라리아 박멸을 위해
DDT를 쓸 것인가

앞에 이야기한 것처럼, 우간다의 가장 큰 사망 원인은 말라리아다. 말라리아 예방 및 치료에 매년 3억 5000만 달러가 들지만 10만 명씩 사망한다. 말라리아를 박멸하기 위해 여러 방법을 시도했으나 쉽지 않았다. 물라고 병원 감염내과의 한 시니어 의사는 말라리아 근절을 위해 우간다 전 인구에게 말라리아 치료약을 동시에 투여하자고 주장했으나 큰 호응을 얻지 못했다. 교통과 통신이 불편한 우간다에서 현실적이지 못할 뿐 아니라, 그렇게 투여한다고 해도 말라리아가 우간다에서 근절된다는 보장이 없기 때문이었다. 나는 그 의사에게 빅토리아 호수의 한 섬을 골라 그곳 주민들에게 먼저 시도해보고 결과를 알려달라고 했다. 그는 이 방법도 실행에 옮기지 못했다.

2004년 우간다 보건부 장관이 깜짝 놀랄 내용을 발표했다. 우간다에서 말라리아 퇴치에 드는 비용을 줄이기 위해 DDT 살충제를 사용하겠다는 것이다. DDT는 반감기가 2~15년에 이르는 화학 물질이어서 심각한 환경문제를 일으킨다. 하지만 말라리아 억제에는 이보다 더 좋은 방법도 없다. DDT를 집 안에 살포해두면 DDT 자체가 모기를 쫓는 역할을 할 뿐 아니라 흡혈한 후에 벽에 앉는 모기도 DDT 때문에 죽게 된다. 다른 대륙에서도 말라리아 퇴치에 DDT를 사용했다. 이로 인해 우간다에서도 질병 예방 분야와 환경 분야 공무원 사이에 격론이 있었다. 물론 외국에서는 이 계획에 반대했다. 결국 2008년에 이 문제는 우간다 법정으로 갔고, DDT를 사용하기로 한 계획은 중지되었다. 의사 입장에서 볼 때 이 문제는 정말 어느 쪽 편을 들어야 할지 힘든 문제였다. 무엇을 결정할 때는 항상 손익을 계산해야 하는데 단기적으로 보면 DDT를 사용하는 것이 맞고 장기적으로는 사용하지 않아야 하는 것이 맞다. 말라리아는 경제가 발전하면 자연히 줄어들 질환이지만 우간다가 언제 그 수준에 이르게 될지 알 수 없다. 아마도 시골에서 어린이를 많이 진료하는 입장이라면 DDT 사용을 지지하겠고, 도시에서 성인을 진료하는 쪽에서는 DDT 사용을 반대하게 될 것 같았다. 우간다에서는 이런 생사를 가르는 결정이 많다.

강도 피해가 많은
우간다

우간다의 한국 교민들 사망률은 무척 높았다. 1992년 7월 한국 교민 한 분이 총상으로 사망했고, 그다음 해에 우간다에 있는 딸을 보러 오셨던 분은 말라리아로 사망했다. 몇 년 후 이곳에서 사업하던 부부가 집에서 목과 얼굴에 칼을 찔려 사망했다. 범인은 그 집의 운전기사였다. 그 집에 400만 실링(2000달러 정도)이 수금되어 있던 것을 안 현지인 운전기사가 돈을 노리고 일을 저지른 것이다. 그는 집에 있던 팡가를 숫돌에 갈아 범행을 준비했고 밤중에 부부와 그 집에서 일하는 현지인 노우비를 살해한 후 돈을 가지고 달아났다. 사망한 부부의 시신은 캄팔라 시체안치소로 옮겨졌다가 한국으로 후송되었다.

한국의 모 방송국에서 온 취재팀은 우간다 동북부에 위치한 카라모종 지역으로 가다가 한 사람이 총상을 입었다. 사실 그 팀이 그곳에 취재 간다고 했을 때 캄팔라 교민들은 너무 위험한 지역이니 가지 않는 것이 좋겠다고 말렸다. 굳이 가야 한다면 차를 렌트해서 가지 말고, 대중교통 수단인 버스를 이용하라고 했다. 하지만 그들은 교민들의 말을 듣지 않았다. 카라모종들은 케냐의 마사이족과 비슷한 사람들이다. 세상의 소들은 모두 자기들 것이라고 여긴다. 소를 빼앗기 위해 총으로 위협하기도 하고 살인을 저지르기도 한다. 이들을 무장해제 시키기 위해 우간다 정부에서 애를 많이 썼지만 쉽지 않은 일이었다. 염려했던 대로 이들이 렌트한 차를 타고 가다가 카라모종에게 사격을 받았다. 일행중에 한 명이 발에 총상을 입었다. 모든 일정을 취소하고 급히 캄팔라로 돌아와 일차 수술을 받은 후 한국으로 후송되었다.

이로부터 몇 년 후 다른 피해자가 생겼다. 저녁 8시경에 정전이 되어 어둠이 들자 떼강도들이 들이닥쳐 한국 사람을 다치게 한 사건이었다. 집을 짓는 공사를 감독하고 있었는데, 일하는 사람들에게 주급을 지급하는 날을 강도들이 알고 습격한 것이다. 강도 가운데 한 명이 한국 분을 총으로 쐈다. 그날 밤에 전화를 받았다. 마침 그 피해자와 함께 머물던 한국인 간호사의 전화였다. 떨리는 목소리로 총격으로 무릎에 관통상을 입은 환자가 생겼다며 빨리 와달라고 했다. 내가 살던 곳에서 그곳까지 가는 데 한 시간 정도 걸리는 거리였고, 의료 기구가 없으면 아무것도 할 수 없으니 지혈을 한 다음 빨리 캄팔라에 있는 병원으로 보내달라고 했다. 나도 급히 움직여야 했다. 잘 아는 러시아 정형외과 의사인 콘스탄틴에게 연락했더니 캄팔라에 있는 사립병원인 카딕 병원으로 환자를 보내달라고 했다. 먼저 병원에 도착해서 환자를 기다렸다.

환자가 도착해서 살펴보니 총알 두 발이 다리를 상하게 한 상태였다. 한 발은 왼쪽 장단지 근육을 손상시켰고, 다른 것은 오른쪽 대퇴골 쪽에서 들어가 무릎 관절을 통해 나왔다. 장단지 손상은 심하지 않았지만 무릎 관통상은 수술이 필요했다. 지혈하려고 붕대로 감았으나 핏물이 새어나오고 있었다. 카딕 병원은 역시 우간다 수준이었다. 응급 환자가 와도 사람들이 빨리 움직이지 않았다. 내가 혈압계를 찾아 혈압을 체크했다. 수축기 혈압이 60밀리미터 머큐리였다. 빨리 정맥 수액을 투여하고 수술을 해야 했다. 수술 전에 엑스레이를 찍어봐야 하나 방사선과 기사도 보이지 않았다. 환자 상태가 심각해 언제 올지 모르는 방사선과 기사를 기다릴 수 없었다. 엑스레이도 찍지 못하고 바로 환자를 수술실로 옮긴 후 정맥을 잡았다. 생리식염수 500씨씨를 가장 빠른 속도로 떨어뜨리니 수축기 혈압이 100밀리미터 머큐리로 상승되었다. 그제야 안심이 되었다.

콘스탄틴이 같은 정형외과 의사인 아들 알다를 불러 수술을 하려 하니 수술 가운도 준비되지 않았다고 했다. 그들은 가운도 입지 못하고 수술을 시작했다. 그런데 30분 후에 알다가 수술실 밖으로 나왔다. 어떻게 되었냐고 물으니 생각보다 손상이 심하다고 했다. AK 소총으로 입은 상처라 대퇴골의 무릎 관절 부위가 박살났다고 했다. 손상받은 다리를 바깥쪽에서 고정해야 하는데 그들이 준비해온 기구가 내부 고정용이라 집에 가서 기구를 가져와야 한다고 했다. 알다가 기구를 가지러 간 사이 약 40분 동안 환자와 집도의는 수술실에서 그냥 기다려야 했다. 기구가 도착해서 부서진 뼈 조각을 드러내고 외고정을 한 상태로 수술이 끝났다. 이때 시간이 오전 1시 30분이었다.

사고 현장에 있었던 사람들의 말로는 강도들이 총을 쏘면서 들어왔고, 그 총소리에 놀란 사람들이 모두 달아났다고 한다. 그곳에 활을 가지고 집을 지키던 경비원이 있었으나 총을 든 강도들 앞에서는 아무런 소용이 없었다. 며칠 후에 강도 중 두 명이 잡혔다. 강탈한 휴대폰을 사용하다가 덜미가 잡힌 것이다. 그런데 두 사람 모두 피해자 집에서 일하던 사람들이었다. 이들을 통해 다른 공범들도 체포되었는데 그들이 사용한 총은 경찰들이 사용하는 것이었다. 결국 환자는 우간다에서 수술을 받은 후 이차 수술을 위해 한국으로 후송되어야 했다.

기후는 세계에서
가장 좋지만

세상에 절대적으로 나쁜 곳은 없다. 우간다는 치안이 좋지 않지만 기후는 세계에서 가장 좋은 곳에 속한다. 한 번은 하와이에서 미국 의사가 물라고 병원을 방문해 같이 일한 적이 있었다. 중국식당으로 초대해 함께 식사하면서 그에게 하와이와 캄팔라 중 어디 날씨가 더 좋은지 물어보았다. 그는 주저 없이 캄팔라라고 대답했다.

우간다는 열대우림 기후에 속해 1년에 건기와 우기가 각각 두 번씩 온다. 1990년대까지만 해도 건기와 우기의 구별이 명확했다. 건기에는 비가 오지 않고 우기가 되면 하루에 한 차례씩 비가 왔다. 한국의 장마처럼 하루 종일 비가 오는 것이 아니라 전형적인 스콜이었다. 한두 시간 비가 억수 같이 쏟아졌다. 비가 멎으면 구름이 걷히고 햇빛이 비쳤다. 특히 1992년에는 비가 새벽에만 왔다. 새벽에 천둥과 번개가 치고 비가 쏟아졌으나 출근 시간이 되면 날이 맑았다. 햇빛이 강하고 바람이 잘 불기 때문에 오후가 되면 테니스를 칠 수 있을 정도로 땅도 말랐다. 그러나 요즘에는 세계적인 기후 변화로 건기와 우기 구별이 분명치 않게 되었다. 어떤 해는 건기인데 중간 중간 비가 오고, 우기인데 비가 오지 않는 날도 많다. 또 다른 해는 건기나 우기가 너무 길어 고생스럽기도 했다. 특히 건기가 오래 지속되면 식량난, 식수난 등으로 생활고가 심해진다.

우기에는 하루 한 차례 세찬 스콜이 쏟아진다. 배수 시설이 불량한 캄팔라에서는 스콜이 내리면 항상 물난리가 났다. 도로

가 침수되는데, 정도가 심할 때는 거의 호수로 변한다. 한번은 비가 쏟아져 아이들 학교로 가는 길이 호수가 되었다. 돌아갈 수도 없어 할 수 없이 앞으로 가는데 뒷자리에 앉아 있던 아이들이 소리쳤다. "아빠, 차에 물 들어와요!" 시동이 꺼지지 않을까 염려되었지만 다행히 꺼지지 않고 도로를 무사히 통과했다. 잘 버텨준 현대 차가 고마웠다.

배수 시설 불량으로 홍수가 잦은 캄팔라.

캄팔라는 건기에는 최고기온이 30도를 넘지만, 습도가 높지 않아 한국의 여름처럼 무덥지 않다. 낮에도 나무 그늘 아래 있으면 괜찮다. 또 아침저녁으로는 시원하다. 1년 중 가장 더운 때가 연말에서 연초로 이어지는 건기인데 이때 건기가 길어지면 많이 더워져 밤에도 선풍기가 필요할 때가 있다. 하지만 열대야는 없다. 우간다에 오기 전, 캄팔라 낮 기온이 1년 내내 높은 것을 보고 평생 더운 곳에서 살아야 하나 생각했는데 전혀 그렇지 않았다. 구름 끼는 날이 며칠 계속되면 낮에도 날씨가 서늘해진다. 이런 날이 되면 연세가 있으신 분들은 춥다며 전기장판을 사용하기도 한다.

이웃 나라 케냐의 수도인 나이로비는 캄팔라보다 더 높은 곳에 있어 캄팔라보다 평균 5도 더 낮다. 어쩌다가 나이로비를 방문하면 추워서 밤에는 나가기가 싫어진다. 동부 아프리카 고지대에 속한 곳은 대부분 그렇다. 어느 해에 나이지리아를 방문할 일이 있어서 에티오피아 항공을 이용했는데 중간 기착지로 에티오피아 수도 아디스아바바에서 하룻밤을 묵게 되었다. 나이지리아는 저지대인 아프리카 서부에 있으므로 무척 더웠다. 특히 당시 수도인 라고스(지금의 수도는 아부자)는 해안가에 있어 무더운 곳이다. 나는 중간 기착지는 별 생각을 안 하고 우간다에서 입던 옷만 챙겨서 출발했었다. 그런데 아디스아바바의 밤은 너무 추웠다. 에티오피아 항공에서 힐튼호텔에 숙소를 마련해 주었는데 추워서 바깥에 나가기는커녕 방 안에 있는 것도 힘들었다. 할 수 없이 욕조에 뜨거운 물을 받아놓고 그 안에 들어가 있어야 했다.

우간다에서는 대학교 기말고사가 주로 우기에 있었다. 마케레레 의대는 임상 실습이 강조되어, 기말시험에는 학생들이 환자들을 직접 진찰하고 그 소견을 발표하는 임상 시험을 친다. 당연히 환자들의 윗옷을 벗겨야 하는데 환자들이 추워해서 곤란한 적이 많았다. 열대지방에 있는 병원이라 병실 창문이 크고 환기가 잘 되기 때문에 기온이 조금만 내려가면, 특히 비가 오는 날이면 환자들이 추위를 견디기 힘들어 한다. 하지만 우간다라고 다 캄팔라 같지 않다. 고도가 더 높은 서부나 동부의 엘곤 산 인근은 캄팔라보다 더 서늘하다. 그리고 고도가 낮은 북쪽은 꽤 더운 편이다. 특히 카라모종 지역은 덥고 건조하기 때문에 지내기가 쉽지 않다. 🐦

임상 시험을 치고 있는 의대생들. 환자들이 윗옷을 벗고 있다.

음식을 남기는 게
미덕

한국에서는 음식을 남기지 않는 것이 미덕이다. 중학교 2학년 때 담임이 농업 선생님이셨다. 그분은 농부들이 힘들게 일하여 수확한 것을 남기는 것은 옳지 않다며 밥알을 한 알도 남기지 말라고 하셨다. 그러면서 가끔 점심시간이 지난 5교시 후 혹시라도 밥알을 남겼는지 도시락을 검사했다. 그래서 한 알이라도 남기지 않는 습관이 생겼다. 하지만 우간다에서는 사람들이 보통 음식을 조금씩 남긴다. 남기지 않고 깨끗이 먹으면 너무 욕심이 많아 보인다는 것이다. 문화와 환경이 다르니까 그쪽이 틀렸다고 할 수는 없다. 겨울과 춘궁기가 있는 한국에서는 한 톨이라도 아끼는 문화가 발달하는 것이 당연하지만 1년 내내 먹을 것이 풍부한 열대지방은 다를 수밖에 없다. 설거지를 하는 입장에서는 깨끗하게 먹는 것이 더 좋겠지만 말이다.

아프리카 전체적으로 가장 애용되는 곡물은 옥수수다. '옥수수 추장' 김순권 박사가 슈퍼 옥수수를 개발해 아프리카 식량난 해결에 크게 기여했다. 우간다에서도 뽀쇼라고 불리는, 옥수수 가루로 만든 음식이 주식이다. 옥수수 가루를 뜨거운 물에 천천히 풀어 반죽해 만든 뽀쇼에 소스를 얹어 먹는다. 한국의 백설기와 비슷하게 생겼다. 케냐에서는 '우갈리'라고도 부르는데 대체로 우리 입맛에도 맞다. 가격이 싸기 때문에 대부분의 기숙사 식당에서 항상 나오는 음식이다. 이 때문에 기숙사 학교를 나온 사람들은 뽀쇼를 극도로 싫어하는 경우도 꽤 있다.

우간다 남쪽은 반투족들이 살고 있는데, 대체로 마또께를 주식으로 한다. 마또께는 삶아먹는 바나나인데 삶은 후 주걱으로 짓이겨 으깬 감자처럼 먹기도 하고, 으깨지 않고 먹기도 한다. 물론 소스와 함께 먹는다. 마또께는 우간다 사람들 가운데서도 선호도가 극명하게 갈린다. 마또께를 좋아하는 사람은 다른 음식들이 차려져 있어도 마또께가 없으면 음식이 없다고 불평한다. 이런 사람은 저녁에 마또께를 먹지 않으면 속이 허전해서 잠이 오지 않는다고 한다. 하지만 싫어하는 사람은 마또께는 음식이 아니라 과일이라고 폄하한다. 마또께나 뽀쇼에 얹어먹는 소스는 콩이나 땅콩으로 만든 소스가 보편적이다. 경제적으로 여유 있는 사람은 고기 소스를 즐겨 먹는다. 이곳 사람들은 쇠고기, 닭고기 또는 물고기로 만든 소스 중에서 대체로 닭고기 소스를 최고로 친다. 그래서 성탄절에 마또께와 닭고기 소스로 식사하는 사람이 많다.

우간다 동쪽 음발레 근방에서는 쌀이 많이 생산된다. 쌀도 여러 종류가 있는데, 한국 사람 입맛에 맞는 쌀은 슈퍼라이스라고 불리는 품종이다. 안남미처럼 길쭉하게 생겼지만 맛은 한국쌀과 큰 차이가 없다. 특히 압력밥솥으로 밥을 하면 한국의 햅쌀밥 못지않다. 우간다에서 생산되는 슈퍼라이스는 맛이 좋아 케냐 교민들도 비싼 돈을 주고 사먹는다고 한다. 그래서 케냐를 방문할 일이 있으면 슈퍼라이스를 선물로 사가지고 간다. 요즘은 우간다 현지인들 가운데서도 슈퍼라이스를 좋아하는 사람들이 늘고 있다.

르완다 국경 근방에 사는 이들 중에는 감자를 주식으로 하는 사람이 많다. 이외에도 카사바, 얌, 좁쌀 일종인 밀렛 또는 고구마를 먹기도 한다. 카사바는 기근이 들 때도 수확이 가능한 구황작물인데, 문제는 뿌리에 사이안화물이라는 독소가 있어 요리를 잘해야 한다. 우간다를 비롯한 열대지방에 있는 풍토병 중에 심근내막섬유증(Endomyocardial fibrosis)이라는 심장병이 있는데, 카사바의 독소와 연관이 있을 것으로 여겨져 연구가 진행 중이다.

또 우간다에서 가끔 보는 석회성 췌장염(Calcifying pancreatitis)도 카사바와 관련이 있을 것이라고 보는 의사도 많다. 이런 가설들이 과학적으로 확인된 것은 아니지만, 될 수 있는 대로 카사바는 피하는 것이 좋을 것 같다. 얌은 여성 건강에 무척 좋은 음식이라고 한다. 한국에서 오신 산부인과 교수님이 얌에서 추출되는 물질이 외국 여성들에게 큰 인기를 끈다고 하셨다. 문제는 얌이 저지대 습지에서 자라는데 캄팔라 인근은 오염이 심해 그쪽에서 생산되는 것을 먹기는 찜찜하다는 것이다.

우간다에서 아쉬운 것은 채소 종류가 많지 않은 것이다. 도도라고 불리는 채소와 수쿠마라고 불리는 케일 등이 있기는 하다. 인도 시금치가 시장에 있는데 한국 시금치 맛은 아니다. 그나마 중국인이 늘어나면서 배추나 청경채가 판매되고 있다. 시장에서 마늘과 오이, 당근도 구입할 수 있다. 그래서 한국에서 고춧가루를 가져오면 김치를 담가먹을 수 있다. 가지도 있지만 한국 가지 같지 않고 껍질이 단단하다. 우간다 고추는 너무 매워 잘못 먹다가는 큰 코 다친다. 한동안 정신이 멍해질 정도로 맵다.

그래서 채소는 거의 집에서 농사를 지은 것들로 먹었다. 텃밭에 한국에서 가져온 씨를 뿌려 배추, 무, 상추, 고추 등을 키우는데 비료나 살충제를 사용하지 않아 모두 유기농 채소다. 부추도 기른다. 부추는 1990년대 초 대사관에 근무했던 분에게 분양받은 것이었다. 겨울이 없어 부추가 죽지 않고 계속 번식했다. 부추는 잘라먹으면 다시 올라오기 때문에 언제든지 먹을 수 있다. 우간다에서 경작하기 힘든 것 중 하나가 들깨다. 몇 번 시도해보았으나 실패했다. 조금 자라다가 더 이상 성장이 없었다. 그러다가 어느 한국 분이 들깨는 빛을 쬐는 시간이 길어야 한다고 알려주셨다. 실제로 치안 유지를 목적으로 바깥에 밤새도록 켜두는 등 아래 있는 들깨는 잘 자랐다.

우간다에는 언어가 많은 만큼 입맛도 다양해서 매운 것을 좋아하는 사람도 있고, 극도로 싫어하는 이도 있다. 이 때문에 한

텃밭을 가꾸는 아내.

국 음식에 대한 선호도도 극과 극이다. 김치도 그런데, 대체로 우
간다 남쪽의 반투족은 김치를 별로 좋아하지 않는 반면 우간다
북쪽 출신은 김치를 좋아하는 경향이 있다. 우간다 동북쪽 소로
티 출신의 제자는 김치를 너무 좋아해 김치 담그는 법도 배우고
부추도 분양받아갔다. 그 집에는 초등학생인 아들이 둘 있는데
이들이 가장 좋아하는 음식이 쌀밥과 김치다. 이 아이들은 우리
집에서 식사할 기회가 오면 항상 과식을 했다.

　　우간다 사람들이 주로 많이 먹는 고기는 소고기 또는 닭고
기이거나 빅토리아 호수에서 잡히는 틸라피아나 나일 농어 같은
물고기다. 돼지고기나 염소고기를 먹기도 하지만 소고기나 닭고
기만큼 많이 유통되지는 않는다. 대체로 현지인은 닭고기를 가장
좋아한다. 이곳 소고기는 냄새가 많이 나고 무척 질기다. 이 때문
에 외국인은 대부분 다른 부분보다 두 배 이상 비싸지만 부드러
운 안심을 사먹는다. 안심이 아닌 부위는 파인애플 같은 과일즙으
로 재어놓아 육질을 부드럽게 한 후 먹는다.

열대과일의
천국

우간다는 역시 열대과일이 풍성하다. 세계에서 가장 맛있는 파인애플이 생산되는 곳이 우간다일 것이다. 한국으로 돌아간 교민 가운데 우간다의 파인애플 맛을 못 잊는 분이 많다. 우간다에 처음 오신 분들은 파인애플에 설탕을 뿌렸는지 물을 정도로 그 맛에 놀란다. 파인애플은 1년 내내 생산된다.

바나나는 종류가 많다. 부르는 이름도 부족마다 다 다르다. 우리가 보통 알고 있는 바나나는 과일이나 나무 모양이 마또께와 얼른 구별되지 않는다. 두 나무 사이의 차이점은 나무 색깔에 있다. 일반 바나나에 비해 마또께 나무에는 둥지에 좀 검은 부분이 보인다. 구워먹거나, 쪄먹는 곤자라는 바나나도 있다. 아주 작은 바나나도 있고, 일반 바나나보다 더 크고 껍질이 자주색인 것도 있다. 한번은 미국에 사는 고모부님이 우간다를 방문하셨다. 엘리자베스 국립공원으로 사파리를 갔는데, 가는 도중에 작은 바나나를 사드렸다. 너무 맛있다며 자꾸 잡수셔서 호텔에 도착했을 때는 배가 불러 저녁을 드시지 못했다. 미국도 바나나가 흔한 곳인데, 우간다 바나나가 그만큼 맛있다.

열대과일 중 빼놓을 수 없는 것이 망고다. 사실 가장 맛있는 과일 중 하나인데 껍질 색깔이 푸른 것, 누른 것, 붉은 것과 푸른 것이 섞인 것 등 종류가 무척 많다. 우간다 시골 쪽에 있는 망고 나무에서 나는 것들은 대부분 작고 섬유질이 많다. 먹고 나면 섬유질이 이 사이에 끼어 치실을 사용해 빼내야 한다. 내 입맛에 가장 맞는 것은 애플망고인데 신맛이 별로 없고 씹는 맛도 좋다.

망고는 1년에 두 차례 생산된다. 한 외교관은 망고를 너무 좋아해서 망고철에 망고를 많이 사서 냉동고 안에 넣어두었다가 1년 내내 드시기도 했다.

파파야는 조금 구린 냄새가 나지만, 역시 맛있다. 신 과일을 못 먹는 사람들이 쉽게 먹을 수 있는 열대과일이다. 파파야 나무는 빨리 자라고 열매도 빨리 맺는다. 엽산이 풍부해서 특히 임신부에게 좋은 과일이다. 이것도 몇 가지 종류가 있는데, 속이 붉은색을 띤 것이 대체로 맛이 더 좋다.

온갖 열대과일을 파는 과일 가게. 오른쪽 뒤로 수박이 보인다.

아보카도는 샴푸가 우간다에 들어오기 전인 1990년대에는 우간다 여성들이 머릿결을 부드럽게 하기 위해 머리를 감을 때 바르기도 했던 과일이다. 미국 쪽에서 살다가 오신 분들은 아보카도에 오이, 게맛살을 넣어 김으로 말아서 만드는 캘리포니아롤을 만들어 먹기도 한다. 아보카도는 간장이나 초장에 찍어먹으면 회 맛이 나서 내가 회를 먹고 싶을 때 먹는 과일이다.

잭 프룻(Jag fruit)도 약간 구린 냄새가 나지만 무척 맛있다.

씨를 제거하고 냉동고에 얼려두었다가 꺼내 먹으면 아이스크림을 먹는 것처럼 달콤한 맛을 낸다. 이것은 아마도 나무에 열리는 과일 중에서 가장 클 것 같다. 이렇게 큰 과일이 나무에 붙어 있는 것이 신기할 정도다. 표면이 거친 큰 덩치를 딴 후 칼로 잘라서 안에 들어 있는 과육을 꺼내 먹어야 하는데 그 과정에서 고무즙 같이 끈끈한 즙이 나오기 때문에 과육을 꺼내는 것이 힘든 작업이다. 보통 이 과일을 자를 때 칼에 기름을 묻혀서 사용한다. 또 손으로 과일을 꺼내면 손에 끈끈한 액이 달라붙기 때문에 비닐장갑을 끼고 들어내야 한다. 준비하는 과정이 번거롭지만, 그걸 감수하고서라도 먹고 싶은 과일이다.

　　수박은 원래 우간다에서 무척 보기 드문 과일이었다. 1990년대 초에는 일류 호텔에서나 맛볼 수 있었다. 당시 우간다 대학생들은 수박이라는 과일이 있는지도 몰랐다. 지금은 부시테마 대학교 의대 학장으로 있는 제자도 학생 시절에 우리 집에 와서 수박을 태어나서 처음으로 먹어본다고 했다. 하지만 점점 생산량이 늘어나서 요즘은 캄팔라에서 수박을 파는 사람들을 쉽게 볼 수 있다.

여자를 사고파는
결혼 문화

요즘은 비교적 드물지만, 우간다 신문에 결혼사진이 자주 실렸다. 처음에는 유명인사들의 결혼식 기사인 줄 알았다. 알고 보니 특별한 사람들이 아니었다. 일반인들이 자신들의 결혼을 널리 알리고, 신문에 실린 자신들의 얼굴도 보고자 결혼사진을 싣는 것이었다. 그런데 결혼사진들을 보면 대부분 중년 부부들이고 자녀들도 함께 있었다. 심지어 손자 손녀들도 보였다.

우간다의 결혼식은 부족마다 차이가 있다. 이 때문에 우간다 결혼식을 한마디로 설명할 수 없다. 하지만 어느 부족이든지 결혼식을 올리는 것은 쉽지 않다. 결혼을 하기 위해서는 먼저 신랑이 신부 집에 지참금을 지불해야 한다. 지참금 액수는 신부의 조건에 따라 또 지역과 부족에 따라 다르기는 하지만, 대체로 대학을 졸업했고 번듯한 직장을 가진 여성이라면 소 10여 마리를 마련해야 한다. 이 지참금을 받지 않으면 신부 부모는 결혼을 허락하지 않는다. 이 때문에 많은 사람이 동거부터 시작한다. 지참금 문제가 해결되지 않으면 설사 자녀를 낳았어도 부부로 인정받지 못한다. 부인이 사망해도 남편이 장례를 치를 수 없다. 신부 집에 지참금을 지불해야 장례를 치를 수 있다. 전통적으로 여자들이 집에서 일을 많이 했기 때문에 노동력을 가져가는 만큼 돈으로 지불하는 개념이다. 한마디로 여자를 사고파는 것이다.

정말 딸을 사랑하는 부모는 딸을 팔 수 없다며 지참금을 받지 않는 경우도 있다. 잘 아는 간호사는 부모가 사위에게 요구한 지참금은 성경 한 권이었다고 했다. 그리고 딸에게 결혼해서 살다가 결혼생활이 힘들면 언제든지 집으로 돌아오라고 말했다고 한다. 지참금을 받고 보내면 딸은 돌아올 수 없다. 하지만 지참금을 받지 않는 부모는 매우 드물다.

지참금 문제가 해결되면 전통 혼례식을 올린다. 이때 지참금과 선물들이 신부 측에 전달된다. 이 전통 혼례식을 한 후부터 부부로 인정받게 된다. 하지만 이것이 끝은 아니다. 대부분은 종교 시설에서 서구식으로 다시 결혼식을 올리기를 원한다. 결혼식 비용도 결코 만만하지 않다. 조촐하게 올리면 좋겠지만, 많은 사람이 호화로운 결혼식을 올린다. 결혼식에 참석하는 사람들의 차비, 결혼식 만찬 비용, 차량 대여비, 비디오 촬영비, 신혼여행 비용 등 그 액수가 엄청나다. 이 때문에 결혼식을 하기 전 몇 달에 걸쳐 결혼 준비 모임을 가진다. 가족들과 친구들이 정기적으로 모여 필요한 역할을 분담하고 결혼식을 준비한다. 물론 그 모임의 가장 중요한 목적은 결혼식 비용을 조달하는 것이다. 경비가 조달되면 결혼식을 올리게 된다. 이 험난한 과정을 거쳐 결혼을 하니 사람들이 결혼사진을 신문에 싣고자 하는 마음이 이해 가기도 한다.

우리나라에서는 가족관계증명서를 떼면 되지만, 우간다에는 그런 증명서가 없어 결혼증명서가 중대한 역할을 한다. 특히 재산 관계를 다루는 데 결혼증명서가 필수적이다. 이곳에서 일하는 외국인에게도 결혼증명서를 요구하는 경우가 많다. 나도 우간다에서 10년을 지낸 후 영주권을 신청했을 때 결혼증명서를 요구받았다.* 나는 한국에서 발행하는 영문 가족관계증명서를 제출했다. 우간다에서 결혼증명서를 받는 방법은 크게 세 가지다. 국가가 인정하는 종교 단체에서 결혼해 그 단체에서 발행하는 결혼증명서를 얻는 것, 변호사를 통해 법원에 등록하는 것, 그리고 전통 혼례를 통해 그 지역 부족장의 증명서를 받는 것이다. 수도인 캄팔라 인근에 사는 사람들은 대부분 첫 번째 방법을 통해 결혼증명서를 얻기 원한다. 이 때문에 토요일에는 결혼식이 몰리는

★ 우간다에서 거주하려면 10년마다 거주증을 신청해야 하고, 10년 이상 거주한 사람이 영주권을 신청하기 위해서는 10년간의 거주증을 신청할 수 있었다.

교회나 성당 인근에 교통 혼잡이 생기는 경우가 많다.

한국에서는 중혼이 허락되지 않지만, 인구의 15퍼센트가 무슬림인 우간다에서는 중혼이 가능하다. 이 때문에 두 번째 부인을 두는 것은 재력과 권력을 가진 사람들이 자신의 능력을 과시하는 방법 중 하나다. 하지만 일부다처제로 인해 깊은 상처를 가지고 사는 사람이 많다. 겉으로 보기에는 부인들끼리 별 문제 없이 지내는 것 같지만, 그 이면에는 부인들과 배다른 자녀들 사이에 온갖 알력과 시기로 멍들어 있다. 어떤 경우는 자신의 남편이 다른 부인을 두고 있는 것을 모르고 살다가 뒤늦게 알고 다투는 경우도 있다. 한번은 물라고 병원에서 그런 에피소드가 있었다. 입원 환자가 두 여자와 결혼을 해서 따로 살림을 차렸나 보다. 병실에 온 두 부인이 병원에 와서야 그 사실을 알고 싸움을 벌인 것이다. 먼저 와서 환자를 돌보던 부인이 뒤늦게 온 부인과 서로 그 환자가 자신의 남편이라고 주장하며 상대방을 쫓아내려고 했다. 🐦

인터넷으로 가까워진
우리나라

초기에는 우간다에서 한국과 소식을 주고받는 것이 쉽지 않았다. 전화 걸기도 쉽지 않았고, 편지를 주고받는 데는 한 달이 걸렸다. 한국 소식은 대사관이 주재할 당시에는 대사관으로 오는 한국 신문을 통해 접했다. 매주 한 번씩 배달되었는데 가장 빠른 소식도 2주 늦은 것이었다. 하지만 이것도 당시 사정으로는 획기적으로 빠른 것이었다. 대사관에서 일하는 외교관들이 신문을 보고 나면 그 신문이 내게 왔다. 그 후 교민들에게 전달되었다. 대부분 한 달이 더 지난 신문을 보는 것이었지만, 교민들에게는 우간다에서 한국 신문을 읽는 것이 큰 즐거움이었다.

그러다가 인터넷이 등장해 우간다에도 이메일 서비스가 생겼다. 한국과 당일에 소식을 주고받을 수 있다는 것이 너무 신기했다. 사진이나 문서까지도 바로 주고받을 수 있으니 굉장한 변화였다. 인터넷을 통해 한국 소식도 바로 알 수 있었다. 문제는 우간다는 인터넷 속도가 엄청 느리다는 것이었다. 그걸 감안하지 못하고 큰 파일을 이메일에 첨부해서 보내는 경우에 문제가 커졌다. 한국의 빠른 인터넷만 생각하고 큰 파일을 첨부한 것인데 인터넷 속도가 느린 우간다에서는 큰 파일이 첨부된 이메일은 아예 열 수 없었다. 그뿐 아니라 그다음에 온 이메일들도 그 이메일이 길을 막고 있어 열지 못했다. 이 문제를 해결하기 위해서는 이메일 서비스 회사를 방문해 길을 막고 있는 이메일을 치워달라고 해야 했다. 이메일을 주고받는 사람들에게도 큰 파일을 첨부하지 말라고 여러 번 부탁해야 했다. 그러다가 웹 기반 이메일 서비스가 시작되면서 문제가 해결되었다. 물론 큰 첨부 파일을 다운받을 수 없었지만, 적어도 그 이메일로 인해 다른 이메일을 보지 못하게 되는 문제는 사라졌다. 지금은 우간다에 인터넷 서비스 회사가 여러 개 생겨 속도가 많이 빨라졌다. 그래서 우간다에서 한국 해병대에서 복무하던 아들과 화상 대화까지 나누었다. 세상 변하는 속도가 놀랍다.

한글학교를
시작하다

캄팔라에서 여러 번 이사를 했는데, 캄팔라에서 세 번째로 살았던 집은 마당은 작았지만 2층으로 되어 있고, 집에서 일하는 하우스보이들이 머물 수 있는 곳(Boys quarters)에도 방이 많았다. 그곳에서 한국어 교육을 위한 한글학교를 처음으로 시작하게 되었다. 한글학교는 그 무렵에 미국에서 우간다로 오신 목사님 부부로 인해 시작되었다. 사모님인 박마리아 선교사님은 아내와 동갑으로 친구가 되었다. 이분은 작곡을 전공하신 음악가인데 우리 애들에게 피아노를 가르쳐주셨다. 애들을 어릴 때부터 악기를 접하게 하고 싶었으나 우간다에는 음악학교도 없었고 악기를 가르쳐줄 선생님도 없었다. 이런 와중에 전문가가 우간다에 오시다니 너무 반가웠다.

당시 우간다에는 피아노도 무척 귀했다. 그래서 키보드로 배우게 되었다. 그 키보드로는 피아노를 제대로 배울 수 없었지만 다른 선택의 여지가 없었다. 얼마 후 피아노와 터치감이 비슷한 키보드를 구해 제대로 연습할 수 있었다. 박마리아 선교사님 집에도 또래 자녀들이 있어 한국어 교육의 중요성이 대두되었다. 그분이 깃발을 잡으시고 아내가 함께해서 한글학교를 시작했다. 아이들이 주중에는 현지에 있는 학교에서 영어로 공부하고, 토요일에 우리 집에 와서 한글 교육을 받게 했다. 당시에는 대사관이 없어 한국어 교재나 경제적인 지원은 받을 수 없었지만 한글학교 선생님들이 모두 학부모라 자녀들을 열성을 다해 가르쳤다.

이렇게 시작된 한글학교는 우리 집이 이사 간 집으로 자리

를 옮겨야 했다. 그러다가 학생 수가 증가함에 따라 학생들의 수
준에 따라 여러 학급을 운영하기 위해 주말에는 수업이 없는 국
제학교의 교실을 임대하게 되었다. 나도 한글학교 교장을 맡기도
했다. 이 한글학교는 캄팔라에 한인교회가 자리를 잡으면서 그곳
으로 옮겨갔다. 교민과 선교사 수가 늘어남에 따라 학생 수도 많
이 늘었고, 이제는 한국대사관을 통해 지원금을 받으면서 확고히
자리 잡게 되었다. 이 학교를 통해 타향 만 리에 살고 있는 아이들
이 한글을 배우고 한국 예절과 역사도 배우고 있다.

가장 먹고 싶었던 음식은
짜장면

처음에는 정파의에게 4년마다 고국 방문이 허용되었다. 정확히 4년이 지난 1996년 한국으로 올 수 있었다. 그리던 고향을 방문할 생각에 가슴이 뛰었다. 그런데 오는 길이 쉽지 않았다. 그 당시에는 엔테베 공항에 취항하는 항공사가 많지 않았는데 그중 영국항공이 가장 저렴해서 외국으로 나갈 일이 있으면 으레 영국항공을 이용했다. 엔테베에서 한국으로 오기 위해 영국항공에 탑승할 때까지는 좋았다. 원래 일정은 나이로비를 경유해 런던에 들러 그곳에서 다른 영국항공 편으로 서울로 오는 것이었다. 그런데 중간 기착지인 나이로비에서 비행기가 고장 나버렸다. 결국 12시가 넘은 밤중에 비행기에서 자던 아이들을 깨워 내리고 짐을 찾아서 나이로비 시내에 있는 호텔로 가야 했다. 계속 자려고 하는 아이 세 명을 데리고, 큰 짐들을 끌고 다니느라 무척 힘들었다. 나이로비에서는 호텔에 있는 승객들을 유럽행 비행기에 빈자리가 생길 때마다 탑승하게 했다. 우리 가족은 다음 날 루프트한자 항공 편으로 독일 프랑크푸르트를 거쳐 런던에 갈 수 있었다. 다행히 우리들에게 돌아온 자리는 비즈니스 클래스였다. 처음이자 마지막으로 온 가족이 비즈니스 클래스를 타볼 수 있었다. 런던에 도착한 후에도 서울로 가는 항공편이 맞지 않아 홍콩까지 경유해야 했다. 홍콩에서 겨우 태국 항공기를 타고 서울로 들어올 수 있었는데 피곤했는지 홍콩에서 코피가 났다. 그렇게 김포공항에 내렸는데 사람들이 나를 힐끗거리면 쳐다보았다. 알고 보니 당시에 탈북자들, 특히 벌목공들이 서울로 많이 들어오는 시절이었는데, 내 몰골을 보고 북한 벌목공인 줄 착각했다고 했다.

　4년 만에 본 서울과 대구는 많이 변해 있었다. 우간다는 변한 것이 하나도 없는데 한국은 가는 곳마다 바뀌어 있었다. 새 건물이 많이 들어서 평소에 잘 알던 길도 그 길이 맞나 생각이 들 정도였다. '다이나믹 코리아'라는 구호가 결코 과장된 것이 아니었다. 사람들도 많이 바뀌어 있었다. 장사하는 분들의 손님 대하는 자세도 달라져 있었다. 무척 친절해진 것을 느낄 수 있었다. 특히 신기했던 것은 여자들의 머리카락 색깔이 알록달록해져 있던 것이었다. 한국을 떠날 때만 해도 검은색 일색이었는데 이제는 갈색, 노란색, 심지어 붉은색까지 볼 수 있었다. 하지만 그보다 더 신기했던 것은 주위를 사방으로 둘러보아도 모두가 한국 사람뿐이라는 것이었다. 나랑 비슷하게 생긴 사람들 사이에서 지낸다는 것이 얼마나 편안한 것인지 깨달았다.

　오랜만에 고국에 오니 재미있는 에피소드도 많았다. 몇 년 만에 만난 지인들은 맛있는 것을 먹자고 했다. 가장 믹고 싶던 음식은 수련의 시절 병원 근방에서 먹었던 짜장면이었는데 지인들은 내가 농담하는 줄 알고 고깃집으로 안내했다. 또 가장 우스운 일은 바다에 갔을 때였다. 커다란 빅토리아 호수를 보며 자란 아이들이 난생처음 바다를 보고는 이렇게 말했다. "야, 호수다!"

에이즈 검사를
받다

우간다로 돌아와 환자 진료에 전념했다. 그런데 어느 날 복막생검을 하던 중 바늘에 찔렸다. 에이즈 환자인데, 결핵성 복막염이 의심되어 복막 조직검사가 필요했다. 복막 조직을 채취한 후 피부를 봉합해야 하는데 바늘이 너무 들지 않았다. 무리하게 힘을 주다가 바늘에 손가락이 깊이 찔린 것이다. 당시에는 노출 후 예방조치(Post-exposure prophylaxis)라는 게 없었다. 아찔했다. 순간적으로 손가락을 잘라내야 하나 하는 생각이 들었다. HIV 잠복기를 감안해 노출 후 5~6주 뒤에 검사해야 했다. 한 달간 침울해 있었다. 이론적으로는 환자를 찌른 바늘에 찔려도 HIV에 감염될 확률이 0.3퍼센트밖에 되지 않지만 당시만 해도 HIV는 치료약이 없었고 걸리면 죽는 병이었다. 어떤 영국 의사는 수술을 하다가 바늘에 찔리자 화를 주체하지 못해 수술 기구를 집어던지고 수술실을 나가버리기도 했다.

이 사건으로 인해 HIV 환자들을 제대로 이해할 수 있게 되었다. 물라고 병원에서 진료를 시작한 지 일주일 만에 환자가 4층에서 뛰어내리는 것을 본 적이 있었다. 에이즈에 걸린 것을 안 환자가 절망감에 자살한 것이었다. 내가 HIV에 걸렸다고 생각하니 그 마음을 깊이 이해할 수 있었다. 무엇보다 두려운 것은 사람들의 반응이었다. '내가 에이즈에 걸린 것을 알면 다른 사람들이 나를 어떻게 대할까?' 이른바 낙인찍기(Stigmatization)에 대한 두려움이 엄청났다. 이런 경험을 통해 HIV 환자가 많은 곳에서 그들의 아픔을 깊이 이해하지도 못하면서 겉모양의 진료만 한 것을 반성할 수 있었다. 이후 누군가 HIV 환자를 격리해야 하지 않느냐고 물었을 때(물라고 병원 환자의 약 70퍼센트가 HIV 환자였다), 오히려 HIV에 걸리지 않은 환자들이 더 적으니 그들을 격리해야 한다고 답할 수 있었다.

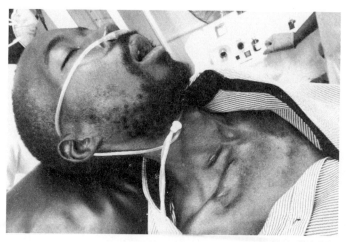

사망이 임박한 에이즈 환자. 목에 에이즈 환자에게서 흔히 볼 수 있는 카포시 육종이 보인다.

또 그리스도인으로서 소망을 배울 수 있어 감사했다. 에이즈에 걸렸다는 것은 오히려 내가 나를 위해 살지 않고 환자들을 위해 살았다는 증거라는 생각이 들었던 것이다. 그러자 평안을 누릴 수 있었다. 5주 후에 채혈을 하고 HIV 검사를 의뢰했다. 그런데 막상 다음 날 결과를 찾으러 갈 때는 가슴이 방망이질 쳤다. 인간으로서의 한계와 두려움은 어쩔 수 없었다. 다행히 검사 결과는 HIV 음성이었다. 이후로도 에이즈 환자의 피를 뒤집어쓰고, 손에 상처가 난 것을 모르고 환자를 만지는 등의 사고로 에이즈 검사를 다섯 차례 더 받아야 했다.

에이즈 발병률이
높은 이유

원래 우간다 문화는 혼전 순결을 강조했다. 딸아이가 혼전에 순결을 잃는 경우 부모는 그 아이를 나일 강으로 데려가 악어밥으로 던져버렸다고 한다. 하지만 식민지 시대를 거치면서 그런 전통이 완전히 사라져버렸다. 이런 와중에 에이즈가 들어왔고 문란한 성생활을 매개체로 빠른 속도로 번졌다. 같은 병원에 근무했던 독일 의사는 에이즈가 본격적인 문제가 되기 전에는 우간다가 천국이었다고 했다. 처음 우간다에 왔을 때 독신이었던 자신에게 우간다 친구들이 우정의 표시로 함께 자주었기 때문이었다. 나한테도 이곳에서는 그런 일이 너무 쉬우니 병동에 근무하는 간호사들에게 치근거려보라고 말했다.

한번은 병실에서 인턴 두 명과 회진을 하다가 아이 이야기를 하게 되었다. 나는 원래 2남 3녀를 원했는데, 1남 2녀밖에 얻지 못했다고 했다. 그러자 함께 회진하던 여성 인턴이 그러면 왜 우간다 여자를 취해 아이를 더 낳지 않느냐고 했다. 우간다에서는 아내가 아이를 낳지 못하거나 거부하면 남자가 여자를 더 얻는 게 당연한 일이었기 때문이다. 그러면서 자신이 내게 아이 두 명을 낳아줄 수 있다는 식으로 이야기했다. 이후로도 이 인턴은 개인적인 문제를 의논하기 위해 나를 자주 찾아왔다. 수련의를 마친 후 내과의사가 되어 병원에 남게 되었을 때도 나와 함께 일하고 싶다고 했다. 하지만 조심스러워 다른 의사를 택하자 무척 실망했다. 얼마 후 그녀는 에이즈 감염이 확인됐다.

우간다에는 재학 중에 임신으로 공부를 중단하거나, 공부에 지장을 초래하는 여학생이 많다. 여학생을 임신시킨 남자는 대부분 책임을 피하고 도망간다. 이 때문에 출산 후 아이를 부모님께 맡기고 계속 공부하기를 원하지만 이것도 우간다에서는 쉽지 않은 일이다.

현지인은 외국인에 대한 로망이 크다. 여대생 가운데는 외국인과 결혼해 인생 역전을 바라는 사람이 많다. 젊은 여성들과 대화해보면 외국인과 결혼하는 것을 원하는 이들이 제법 많다. 어떤 여성은 결혼까지는 못하더라도 외국인의 아이를 낳기 원한다. 머리카락 때문이다. 이곳 여성들은 머리카락이 두피에 파고들어가서 엉기기 때문에 두발 관리에 엄청난 시간과 돈을 투자한다. 미용실에 가서 하루 종일 머리를 다듬기도 하고 가발을 사서 사용하기도 한다. 경제적으로 여유가 있는 여성들은 가발을 몇 개씩 가지고 있다. 더 여유가 있는 여성들은 자주 미용실에 가서 머리카락을 편다. 간혹 한국 여성들처럼 긴 머리로 다니는 여성들이 있는데 이들은 다른 여성들의 선망의 대상이 된다. 그래서 외국인과 사이에서 머리카락이 꼬불꼬불하지 않은 아이를 낳고 싶어 하는 것이다.

앞서 말했듯 우간다는 여러 부인을 거느릴 수 있는 나라다. 하지만 회진 중 병력을 보면 대부분 부인은 한 명이다. 우간다 동료의 말로는 그런 병력은 아무런 의미가 없다고 한다. 공식적인 부인은 한 명이라도 숨겨진 여자 친구가 여러 명인 경우가 대다수라는 것이다. 이런 식으로 여러 명과 관계를 맺는 사람이 많으니 HIV 발병 가능성이 높을 수밖에 없다. 한때는 우간다가 세계에서 HIV 유병률이 가장 높았다. 캄팔라 서남부의 라카이라는 작은 도시는 대다수 주민이 에이즈로 사망해 황폐화되었다. 그래서 1990년대에 정부에서 그쪽으로 사람들을 이주시키기도 했다.

우간다 정부는 감염을 줄이기 위해 여러 매체를 통해 예방 정책인 ABC 정책을 홍보해 감염률을 크게 낮출 수 있었다. A는 금욕(Abstinence), B는 배우자에게 충실하기(Be faithful), C는 콘돔

(Condom)을 의미한다. 즉 결혼 전에는 금욕을, 결혼한 후에는 배우자와만 관계를 맺고, 유사시에는 콘돔을 사용하라는 정책이다. 1993년 캄팔라의 한 산전검사실에서 HIV 유병률이 33퍼센트까지 나왔고, 전국적으로는 12~13퍼센트에 달했다. 지금은 캠페인의 결과로 전국적으로 6~7퍼센트로 낮춰졌다.

HIV 유병률이 가장 높은 그룹은 군인과 장거리 운전자들 그리고 학생들이다. 젊은 여대생에게 눈독을 들이는 어른이 많다. 한창 멋을 부리려고 하는 학생들에게 돈을 주고 옷을 사주는 등 환심을 산 후 관계를 맺는 슈가 대디(sugar daddy)들이다. 무엇보다 슈가 대디들을 통해 HIV가 많이 감염되기 때문에 우간다 정부에서는 캠퍼스들이 있는 지역에 여대생들에게 이들을 경계하라는 간판을 걸 정도다.

슈가 대디를 경계하라고 쓰여 있는 간판.

성에 대해 자유로운 곳이지만 성추행과 성폭행도 빈번하다. 여성이 혼자 살면 험한 일을 당하기 쉽다. 캠퍼스 근방에 화장실이 없는 방에 사는 여학생들은 요강처럼 생긴 용기를 구비하고 있다. 밤에 바깥에 나갔다가 봉변을 당하지 않기 위해서다.

결핵에
걸리다

우간다는 단기간 지내기에는 정말 날씨가 좋은 곳이다. 하지만 1년 내내 여름이기 때문에 운동을 등한시하기 쉽다. 그래서 장기간 지낼 때 자기 관리를 하지 않으면 쉽게 체력을 잃기 쉬운 곳이기도 하다. 우간다에서 처음에는 적응하느라 어떻게 사는지도 모르는 가운데 시간이 지나갔고, 나중에는 바빠서 운동을 하지 못했다. 운동의 중요성은 잘 알고 있었지만, 막상 실천에 옮기지는 못했다. 몸은 점점 더 피곤해졌다. 조금 피곤할 때에는 운동을 해야 한다는 생각은 있었다. 하지만 점점 더 피곤해지니까 운동할 의욕조차도 잃어갔다. 일상생활은 근근이 할 수 있었지만, 평소보다 조금만 더 부하가 걸리면 며칠 동안 피곤을 이기지 못하는 상태가 되었다. 1997년 어느 날 잠을 자는데 오른쪽 가슴에 심한 통증이 생겨 자리에서 일어났다. 숨을 들이쉴 때 가슴을 찌르는, 전형적으로 흉막에서 발생하는 흉통이었다. 결핵에 걸린 것이었다.

우간다에는 결핵 환자가 많다. 특히 에이즈가 창궐하면서 결핵 환자가 급증했다. 나는 물라고 병원에서 기관지경 검사를 전담하고 있었는데, 우간다 전역에서 그걸 할 수 있는 의사는 나 혼자였다(현재는 내가 교육한 우간다 의사 두 사람이 더 있다). 기관지경 검사를 받는 환자 가운데 결핵 환자가 많았다. 당시에는 마스크도 없어 겨우 고글만 쓴 채 기관지경 검사를 해야 했는데 결국 나도 결핵에 걸린 것이었다.

통증이 발생한 날이 토요일 밤이라 월요일 일찍 병원에 가서 검사했다. 흉부 엑스레이를 찍어보니 오른쪽 폐상부에 결핵 병변이 보였다. 또 초음파 검사로 흉막에 물이 고여 있는 것을 볼 수 있었다. 곧 발열이 시작되었고 동료 의사가 흉수를 뽑아 검사해보니 결핵에 일치하는 소견이 보였다. 곧바로 항결핵제제를 투약했다. 당시 우간다에서 결핵 치료는 STH를 처방했다. STH는 주사제인 스트렙토마이신(Streptomycine), 먹는 약인 티아세타존(Thiacetazone)과 이소니아지드(Isoniazid)를 함께 처방하는 것을 일컫는 말이다. 스트렙토마이신과 이소니아지드는 결핵 치료에 흔히 사용하는 약이지만, 티아세타존은 부작용이 많았다. 특히 HIV 환자에게 심한 부작용을 일으켰다. 그렇지만 가격이 싸기 때문에 우간다에서는 STH로 결핵을 치료했다.

나는 STH를 처방받고 싶지 않았다. 일단 시중 약국에서 제대로 된 항결핵 제제를 구했고, 그 후 한국에서 오는 분을 통해 항결핵 제제를 공급받았다. 하지만 약제를 복용했어도 열이 쉽게 떨어지지 않았다. 6주간 고열에 시달렸다. 흉수는 계속 차 올라와 숨이 찼다. 동료 의사가 두 번에 걸쳐 흉수를 뽑아냈다. 체중은 원래 68킬로그램이었는데 51킬로그램까지 빠졌다. 몸 어디를 만져도 뼈를 만질 수 있었다. 해부학 책을 보지 않아도 골학 공부를 할 수 있겠다는 생각이 들어 피식 웃었다. 점점 힘이 빠져 침대에서 돌아눕기도 힘이 들었다.

결핵 환자를 수없이 치료했지만 내가 걸린 결핵은 잘 이해되지 않았다. 당시 사망률 76퍼센트로 알려진 다제내성 결핵(MDR TB)에 걸린 줄 알았다. HIV 바늘에 찔렸을 때 이미 마음의 준비를 했었기에 죽음에 대한 두려움은 없었다. 하지만 아직 해야 할 일들이 남아 있었던 모양이다. 스테로이드 제제를 함께 사용하면서 열이 떨어지기 시작했고, 흉수량도 줄기 시작했다. 처음부터 스테로이드 사용을 꺼렸던 것은 내게 반복되는 십이지장 궤양이 있었기 때문이었다. 열이 잡히기 시작하면서 잃었던 체중도 회복되었다. 8개월 후 결핵약 투약을 완료했다. 하지만 오른쪽 가

마스크를 착용하지 못하고 기관지경 검사를 하던 시절. 요즘은 모두가 마스크를 착용한다.

슴의 흉통은 가시지 않았다. 지금도 숨을 좀 깊이 들이쉬면 가슴에 통증이 온다. 이 통증은 환자 진료 시 큰 도움이 되었다. 워낙 결핵이 많은 이곳에는 흉통 때문에 고통받으며 걱정하는 환자가 많다. 이들에게 내 경험을 이야기해주면 모두가 얼굴이 환하게 밝아지면서 안심을 한다.

난 약골인 것 같다. 피부는 슬쩍 스치기만 해도 벗겨지고 상처가 생긴다. 뼈도 마찬가지였나 보다. 이후 양쪽 무릎도 다 깨졌고, 허리에는 디스크가 생겼고, 양쪽 어깨에 오십견이 왔다. 하지만 의사로서 여러 고통을 겪어보는 것이 나쁜 것만은 아니었다. 내가 연약하기 때문에 연약한 사람들을 잘 이해할 수 있게 되었으니까 말이다. 🦢

든든한 대학 후배가 오다

결핵에서 회복할 즈음에 국제협력의사로 정형외과 의사인 백종대 선생이 우간다에 들어왔다. 내 대학 후배로 학생 때부터 잘 알고 있었기 때문에 그의 존재는 든든했다. 결핵으로 인해 건강의 중요성을 새삼 인식하고, 건강 증진을 위해 운동을 시작했다. 백 선생 가족과 다른 가까운 분들의 가족과 함께 가족 축구를 시작했다. 루고고에 있는 크리켓 구장은 조용하고 넓은 잔디구장이라 다함께 즐길 수 있었다. 그런데 어느 날 케냐에서 방문하신 분들이 함께 어울리면서 축구가 거칠어졌다. 그렇다 보니 부딪히는 일이 잦았고, 어떤 분과 무릎을 부딪혔는데 다친 것은 내 무릎이었다. 오른쪽 무릎이 갑자기 부어올라 걸을 수 없었다. 백 선생이 바로 무릎관절에서 피를 뽑고 석고붕대를 했다. 정형외과 의사와 함께 축구를 하니 이런 게 좋았다. 뽑은 피에 지방소구체가 섞여 있어 연골에도 손상이 생겼을 것이라고 했다. 이 때문에 한 달 가까이 붕대를 해야 했다.

백 선생은 우간다에서 여러 어려움을 경험했다. 물라고 병원에서는 충분히 완쾌될 수 있는 환자들이 수술이 늦어져 불구가 된다며 한탄했다. 수술을 하려고 해도 마취사가 오지 않고, 다른 날은 간호사들이 없고, 또 다른 날은 수술 기구에 문제가 있어 수술을 제대로 할 수 없다는 것이었다. 비슷한 상황을 겪은 우리는 서로의 안타까움을 나누었다.

백 선생 가족도 캄팔라의 불안한 치안 문제로 고생이 많았다. 밤중에 권총을 든 강도가 창문을 뜯고 집 안으로 침입한 것이었다. 다행히 무사했지만 강도가 총부리를 겨눈 것에 대한 충격으로 부부가 고생을 많이 했다. 특히 부인은 잠을 이루기 힘들어 한동안 그 가족이 우리 집에 와서 함께 지내야 했다. 한국으로 돌아간 후에도 오랫동안 악몽에 시달렸다고 한다. 가족 같았던 백 선생 부부의 귀국으로 생긴 빈자리가 매우 크게 느껴졌다.

죽음의 위기에 처한
큰딸

　　다리에 석고붕대를 하고 집에서 쉬고 있던 어느 날, 초등학교 2학년인 큰딸 주은이가 두통을 호소했다. 처음에는 열이 나지 않았고 특이한 증상도 없어 대수롭지 않게 생각했다. 하지만 곧 발열이 시작되고 구토도 시작되었다. 증상은 갑자기 악화되었다. 며칠 후 혼수상태에 빠지면서 경련을 하기 시작했다. 뇌수막염 증상이 나타난 것이다. 문제는 내가 우간다에서 가장 큰 병원에서 일하고 있지만 그곳도 내 딸을 믿고 입원시킬 만한 병원이 아니라는 것이었다. 어쩔 수 없이 우리 집 안방이 중환자실이 되었다. 아이 머리 곁을 지키고 있다가 아이가 경련을 시작하면 항경련제를 주사했다. 곧 대소변을 가리지 못하게 되었다. 침대에 비닐을 깔고 대소변을 치웠다. 딸의 호흡이 나빠지기 시작했다. 보통 환자들이 사망 직전에 보이는 체인스토크스 호흡(숨을 몰아쉬다가 멈추는 것을 반복하는 호흡)이 시작되었다. 두뇌에 심각한 병변이 있다는 증거였다. 교과서에서만 보았던 수직눈떨림도 관찰되었다. 절망적이었다. 당시에는 우간다에 인공호흡기도 하나 없었다. 호흡이 멈춘다면 어떻게 할 방도가 없었다.

　　우리는 기도하는 수밖에 없었다. 아내는 울기 시작했다. 나도 딸을 볼 때마다 눈물이 흘러내렸다. 의사 생활을 하면서 이렇게 심한 상태에서 소생하는 환자를 본 적이 없었다. 아이가 죽는다면 어떻게 해야 하나? 아이가 쓰던 모자가 눈에 띄었다. 아이가 죽으면 이 모자는 어떻게 하나? 아이가 입던 옷은? 아이가 쓰던 책은? 온갖 생각이 떠오르며 나를 괴롭혔다. 그동안 수많은 죽음을 보았지만 딸이 숨을 몰아쉬는 것을 목도하기란 쉽지 않았다. 체인스토크스 호흡은 48시간이나 계속 되었다. 언제 호흡이 끊어질지 모르는 상황이었다. 하지만 하나님께서 우리의 기도를 들어주셨다. 48시간이 지난 후 호흡이 점차 나아지기 시작했다. 그리고 경련이 멈추었다. 이것은 내가 볼 때 기적이었다.

그 시점에 영국 신경과 의사들이 우리 집에 찾아왔다. 단기로 몰라고 병원에 나와 있던 커플이었는데 주말에 사파리를 갔다가 캄팔라로 돌아온 후 우리 소식을 들은 것이었다. 그들이 진료해보니 상태가 너무 심각하다며 바로 런던으로 후송하자고 했다. 하지만 나는 딸이 이미 최저점을 지나 회복기에 접어들었다고 느껴졌고 오히려 장거리 여행이 더 위험할 것 같아 사양했다. 그 중 한 명인 캐서린이 요추 천자*를 하고 아이를 몰라고 병원으로 데려가 CT 촬영을 했다. 뇌수막염이 맞았다. 바이러스성이 거의 확실했지만 어느 바이러스인지 모르니 가장 예후가 나쁜 헤르페스 바이러스에 의한 뇌수막염인 경우를 대비해서 아사이클로비르(Acyclovir)라는 항바이러스제를 주사하자고 했다. 백 선생과 집사람이 캄팔라에 있는 약국을 다 뒤졌다. 딱 한 곳에 유통기한이 훨씬 지난 약이 있었는데 비싼 가격을 요구했다. 그 믿을 수 없는 약을 투여하진 않았다.

나중에 병원에 다시 출근하게 되었을 때, 함께 일하던 독일 의사가 다시는 내게 이런 불행한 일은 절대 생기지 않을 거라고 말해주었다. 이미 큰 고난을 많이 겪은 유 박사에게 또 나쁜 일이 생길 확률은 제로라는 것이었다. 우린 함께 웃었다. 뒤늦게 어느 교민이 했다는 '유 박사는 전생에 얼마나 많은 죄를 지었기에 그런 일들이 연이어 생기는가?'라는 말을 전해 들었다. 하지만 내게는 이 모든 것이 하나님의 사랑이었다. 물속에 빠져야 공기의 소중함을 알게 되듯이, 그런 아픔을 통해 내게 있는 것들의 소중함을 배웠다. 많은 부모가 자식에게 많은 기대를 하는데 나는 이 사건을 통해 귀중한 교훈을 얻었다. 아이들이 부모에게 해주는 가장 큰 효도는 건강하게 살아 있는 것이라는 걸. 살아 있기만 해도 얼마나 감사한 일인가.

생명은 건졌어도 회복에 긴 시간이 걸렸다. 아이는 오랫동안 온몸이 마비되어 고개도 가누지 못했다. 사람은 참 간사하다. 딸이 숨을 몰아쉴 때는 불구가 되어도 살아만 있게 해주시면 감사하겠다고 했는데, 막상 그때가 지나가니 불구가 되지 않게 해달라고 기도하게 되었다. 어느 주일 교회에서 집으로 돌아왔을 때, 딸아이가 침대에 앉은 채 넘어지지 않으려고 억지로 버티며 방에 들어오는 나를 보고 웃고 있었다. 아이의 팔은 떨리면서 흔들거렸지만 얼마나 감격을 했는지. 이때가 회복되기 시작한 지 3개월 만이었다.

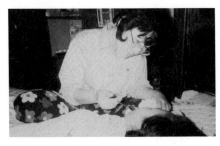

움직이지 못하는 딸에게 죽을 먹이는 아내.

주은이가 아직 침대에서 일어나지 못하던 어느 밤, 전기도 들어오지 않아 모기장 안에 촛불을 켜놓고 딸아이를 지켜보고 있었다. 이때 한 음성이 들렸다. '네 딸은 이렇게라도 치료를 받고 있지만, 여전히 어둠속에서 많은 아이가 죽어가고 있지 않느냐.' 사실 그때까지만 해도 병원이 열악하고 일하는 것도 힘들어 의사로서의 존재감을 느낄 수가 없었다. 환자를 살릴 의약품이 없어 속수무책으로 손을 놓고 있으니 의사라고도 할 수 없었다. 의사라기보다는 아파서 고통받는 이들의 옆에 있으면서 그 아픔을 나누는 것만이 나의 일인 듯했다. 유일한 보람은 의대생들을 가르쳐 언젠가는 그들이 이런 비참한 환자들을 제대로 치료하게 하는 것이었다. 그러면서 우간다 대학생들을 올바르게 가르쳐 그들의 가치관을 변화시키고 그들로 인해 사회가 변화하는 것을 보고자 하는 사명감으로 버텼다. 그래서 나에게 '의사로서 나는 죽었다. 선생으로, 사명인으로 살아가는 것이다'라고 말하곤 했었다.

하지만 그 밤 이후 의사로서의 나를 재발견했다. 환자를 제대로 치료할 수 있는 병원 설립을 바라게 된 것이다. 한국 병원처럼 수준 높은 병원이면 좋겠지만, 그렇지 못하더라도 의사가 처방하면 가난한 환자들에게 투약이 되는 병원이 우간다에 설립되기를 바랐다. 그런데 이런 소박한 희망을 실현하기 위해서도 엄청난 경비가 필요한데 그 경비를 조달할 방법은 없었다. 하지만 이때부터 준비하지 않을 수 없었다.

아내는 처음에는 이 계획을 완강하게 반대했다. 돈도 없고 이미 하던 일도 버거웠기 때문이었다. 하지만 몇 주 지나지 않아 마음이 바뀌었다. 두 번째 요추 천자 검사를 받으러 주은이를 데리고 물라고 병원에 갔을 때였다. 소아과 치료실에 아이를 데려다 두었는데 의사가 요추 천자 바늘이 없어 일반 주사기에 달린 긴 바늘로 천자를 하겠다고 했다. 그 주사기조차 없어 주사기를 구하기 위해 의사가 왔다 갔다 하는 모습을 아내가 보게 되었다. 나는 흔히 보는 일상이었지만, 아내는 아니었다. 아내가 말했다. "여보, 우리가 굶어도 좋으니 병원을 시작합시다." 이때부터 본격적으로 이 프로젝트를 실행하기 위한 방법을 찾았다. 하지만 아프리카에서 길은 잘 보이지 않았다. 아프리카에도 부자들이 많지만 이런 일에 선뜻 돈을 내놓을 사람은 드물다. 이뿐 아니라 사기꾼도 많다. 이 때문에 좋은 뜻으로 돈을 사용하고 싶은 사람과 정말 좋은 일을 하려는 사람이 서로 연결되기가 쉽지 않다.

독일인 동료는 이런 나를 보고 꿈꾸는 사람(Dreamer)이라고 놀렸다. 칭찬과 현실 세계를 모르는 철부지라고 놀리는 의미가 동시에 함유된 말처럼 들렸다.

베데스다 의료 프로젝트를
시작하다

주우간다 한국대사관이 철수한 후 주케냐 한국대사관이 우간다 지역도 맡고 있었다. 나는 우간다에 쓸 만한 병원을 설립하는 것이 우리나라의 국익에도 도움이 될 것이라는 확신을 가지고 케냐 나이로비로 대사님을 찾아갔다. 대사님은 상당히 호의적이었다. 그 자리에서 당장 한국 코이카에 전화를 걸었다. 코이카 이사 가운데 한 분이 친구라 코이카와 바로 연결이 되었다. 코이카 담당자는 한국에서 어느 정도 투자를 받고 병원이 설립되었을 때 병원을 책임지고 맡아서 운영할 기관이 있으면 코이카에서 투자가 가능하다고 했다. 한국에서 어느 정도 투자를 받으면 되겠느냐고 물었더니 1억 원 정도는 되어야 한다는 답을 받았다. 수중에 돈 한 푼 없었지만 무척 고무되어 우간다로 돌아왔다. 당장 1억 원을 투자해줄 사람을 찾았다. 당시 한국에서 한빛전자를 운영하던 김진현 사장님이 우간다를 방문했는데 이 프로젝트 이야기를 듣고 10만 달러를 쾌척했다. 또 한국 대학생성경읽기선교회에서 아프리카를 위해 헌금 1억 원을 준비했다. 이것을 종잣돈 삼아 베데스다 의료 프로젝트를 시작할 수 있었다. 이 돈이 확보되기까지 어느 정도 시간이 흘렀는데 다시 주케냐 한국대사관을 찾았을 때는 분위기가 변해 있었다. 어떤 사정에서인지 더 이상 관심을 보이지 않았다. 어쩔 수 없이 빈손으로 돌아와야 했다.

병원을 시작하기 위해서는 현지에 NGO를 설립해야 하는데, 관용여권을 가진 나는 NGO 등록을 할 수 없었다. 이때 대학 6년 후배인 임현석 선생 부부가 우간다에 들어왔다. 임 선생은 부산 동아대학교 의대에서 임상교수로 일했지만, 교수로서의 꿈을 포기하고 아프리카를 돕기 위해 우간다에 들어온 것이다. 내게 큰 도움이 되었다. 이 무렵 한 목사님이 NGO를 따로 설립하지 말고, 자신이 등록한 NGO의 이름과 약관을 변경시켜 함께하자고 제안하셨다. 사실 우간다에서 NGO를 설립하기도 힘들지만, 설립 후 관리도 쉬운 일이 아니다. 매년 우간다 NGO위원회에 보고해야 할 서류도 많다. 기쁜 마음으로 함께하기로 했다.

종잣돈으로 마케레레 대학교 정문 맞은편에 600평가량의 부지를 구했다. 그곳에 건물을 지어야 했는데 역시 우간다에서는 공사도 쉽지 않았다. 부지에는 작은 집 두 채가 있었는데 지붕이 불에 타 망가져 있어서 그대로 사용할 수 없었다. 두 집을 연결해서 한 건물로 만들기로 했다. 그 공사는 나보다 일찍 우간다에 오셨던 분들 가운데 건축을 전공하신 분이 맡기로 했다. 그런데 그분이 공사가 시작된 상황에서 갑자기 귀국하게 되었다. 할 수 없이 임 선생이 직접 트럭을 몰면서 공사를 진행시켜야 했다. 낡은 트럭이라 작은 사고가 나기도 했고, 지나가는 트럭만 보면 돈을 뜯으려고 하는 교통경찰들 때문에 경찰서에 끌려가는 등 고생을 많이 했다. 우여곡절 끝에 건물이 완성되었다.

드디어 2002년 베데스다 클리닉 개원식이 열렸다. 여러 곳에서 손님들이 축하하러 오셨다. 한국에서는 정도열 목사님이 오셔서 개원예배를 인도해주셨고 국제협력의사직을 마치고 귀국했던 백종대 선생도 개원식을 위해 잠시 우간다에 방문했다. 르완다에서는 선한이웃이라는 NGO 단체를 통해 봉사를 하던 이규인 선생님 부부도 오셨다. 대학 10년 선배인 산부인과 의사 이규인 선생님은 베데스다 개원을 진심으로 축하해주셨고, 나중에 르완다에서 철수할 때 음악 CD와 테니스 라켓을 기증하고 가셨다. 그 후 에티오피아에서도 의료 봉사를 하셨다.

이렇게 시작된 베데스다 클리닉은 캄팔라 고아원들의 어린이들을 무료로 치료해주고 있다. 임 선생은 지금까지 병원장으

베데스다 클리닉 개원식에 오신 분들과 함께.

현재 베데스다 클리닉의 모습.

로 수고하고 있고, 이후 미국 시카고에서 30여 년간 소아과 의사로 활동하던 정요셉 선생님도 우간다로 오셔서 함께 돕고 계신다. 내 딸의 아픔에서 시작된 이 프로젝트에 유능한 소아과 의사들이 함께하는 것은 예사스럽지 않은 일이다. 베데스다 클리닉은 한인 교회와 함께 빅토리아 호수 안에 있는 부부마 섬에 진료센터를 세웠다. 또 광주 조선대학교 의료팀이 베데스다에 협조해 매년 우간다에 의료 선교를 오기 시작했다. 그 팀에서 가난하고 병든 사람들을 돕는 병원을 건립하기 위해 캄팔라에서 엔테베로 가는 길에 위치한 부에바자 지역에 축구장 두 배 넓이의 땅을 구입했다.

2012년에는 내과의사 강지은 선생 부부가 베데스다에 왔다. 캄팔라에 위치한 클리닉은 수익 창출을, 부에바자 지역은 전통적인 자선 병원의 형태로 가고자 한다. 아직까지 같은 꿈을 꾸는 이들이 많지는 않다. 하지만 소수라도 함께 힘을 합치니 막연했던 꿈이 비전이 되었다. 더 많은 이들이 동참해야 계획이 실현되겠지만 언젠가는 꿈이 이룰 것으로 믿는다. 재미있는 것은 베데스다 프로젝트에 동참한 임현석 선생 부부는 경북 대구 출신이고 정요셉 선생님 부부와 강지은 선생 부부는 전남 광주 출신이라는 것이다. 한국에서라면 어울리지 못할 지역 분포이지만, 우간다에서는 둘도 없는 파트너들로 서로 도우며 잘 헤쳐나가고 있다. 🦢

이디 아민의 장인 집으로
이사 가다

한국대사관이 있는 동안에는 교민 대부분이 대사관저 주변에 모여 살았지만 대사관이 철수한 후 흩어지기 시작했다. 나도 마케레레 대학교 근처로 이사 갔다. 이사한 집은 그 유명한 이디 아민의 장인이 소유한 집이었다. 그는 무슬림인 이디 아민의 넷째 부인의 아버지였다.

이디 아민은 대통령이던 밀턴 오보테(Milton Obote)가 싱가포르에서 열리는 영연방 정상회의에 참석하러 간 사이에 군사쿠데타를 일으켜 1971년부터 1979년까지 집권했다. 인도인들을 우간다에서 강제 축출하여 경제를 파탄으로 이끌었고, 수많은 사람을 학살했다. 또 그의 집권 기간에 수많은 사람이 행방불명이 되었다. 이로 인해 그에게 인간 백정이라는 별명이 붙었다. 특히 그가 무슬림이기 때문에 우간다 성공회의 수장인 대주교뿐만 아니라 수많은 목사가 살해당했다. 어느 신문에서는 그가 죽인 사람이 50만 명은 될 것이라고 주장하기도 했다. 결국 내부의 반대를 돌리기 위해 탄자니아를 공격했는데 탄자니아군과 이들이 지원하는 우간다 망명군에 의해 축출되었다.

그래서 우간다인 대부분은 이디 아민에 대해 나쁜 기억을 가지고 있다. 이디 아민의 군인들이 스와힐리어를 썼기에 그 언어까지 싫어한다. 그래서 스와힐리어가 케냐와 탄자니아, 콩고 등에서 광범위하게 사용되는 데 반해 우간다에서는 거의 사용되지 않는다. 그런데 이디 아민의 장인은 이디 아민을 극찬했다. 이디 아민이 진정한 애국자였고, 그가 대통령으로 재임한 기간에는 우간다에 부정부패가 없었다나. 역시 팔은 안으로 굽을 수밖에 없는 것 같다.

　내가 이사했던 집이 이디 아민이 우간다에서의 마지막 밤을 보낸 집이라고 했다. 이디 아민은 리비아로 도망갔다가 나중에 사우디아라비아로 망명해 그곳에서 사망했다. 사망 직전 그가 혼수상태에 있을 때, 그의 부인 중 한 명이 우간다에 돌아오게 해달라고 무세베니에게 부탁했다고 한다. 하지만 무세베니는 이디 아민이 돌아왔을 때 "자신이 한 일에 대해 대답할 수 있어야 할 것(answerable for his conduct)"이라고 답했다. 혼수상태인 이디 아민이 사과의 말을 할 순 없으니 돌아올 수 없다는 뜻이었다. 이에 실망한 가족들은 이디 아민의 생명 유지 장치를 끊기로 결정했고, 2003년 8월에 사우디아라비아 제다에 있는 묘지에 묻었다. 우스운 것은 그해 9월 말 우간다 무슬림들이 모여 이디 아민 기념관을 짓는 것을 만장일치로 결정했다고 한다. 아무리 나쁜 사람이라도 그 주위에는 덕을 본 사람들이 있기 마련이나. 그 집 주인인 장인이 그런 사람이었다. 그는 캄팔라 여러 곳에 주택을 가지고 있었다.

에이즈에 걸린
제자

이디 아민의 장인 집에 이사 갔을 때부터 우간다 대학생들과 함께 생활했다. 이들 가운데 에이즈 환자가 있었다. 당시 캄팔라의 젊은이 가운데 약 30퍼센트가 HIV에 걸린 상태였으니 에이즈 환자가 있는 것이 당연했다. 그는 리라에서 온 마틴이라는 똑똑한 학생이었는데 함께 지내는 동안, 에이즈 합병증이 나타나기 시작했다. 대상포진이 얼굴에 생겨 한쪽 아래 눈까풀부터 윗입술까지 물집으로 덮였다. 결국 그쪽의 치아가 모두 빠져버렸다. 대상포진에서 회복하자 곧 크립토콕쿠스뇌수막염(Cryptococcal meningitis)이라는, 곰팡이에 의한 뇌수막염이 생겼다. 물라고 병원 내과에 입원시켜 곰팡이를 죽이는 주사 치료를 시작했다. 이 병은 치사율이 높은 병인데 다행히 치료에 반응을 보였다. 주사 치료가 끝난 2주 후 퇴원시켜 다시 우리 집으로 데리고 왔다. 치료약을 먹는 약으로 바꾸어 계속 투약을 받아야 했다. 그는 마침내 대학을 졸업할 수 있었고 우리 집 마당에서 같이 지내던 다른 학생들과 함께 졸업 파티를 했다. 그는 고향으로 돌아가 고등학교 선생을 하다가 몇 년 후 병으로 사망했다.

함께 지내던 사울이란 학생은 어릴 때 한쪽 눈을 다쳐 그 눈에 눈동자가 없었다. 사울은 마케레레 대학생으로 들어왔으나 눈 때문에 열등감에 시달렸다. 마침 한국에서 안과 교수로 있는 친구와 연락이 닿아 한국에서 무료 수술을 받기로 했다. 우간다에서 여권을 만들고 나이로비에 있는 한국대사관에 보내 비자를 받게 했다. 그리고 비행기표를 마련해서 한국으로 보냈는데, 막상 우리 집 마당에서 열린 졸업 파티. 오른쪽에 앉은 사람이 마틴이다.

한국에서 일이 꼬였다. 김포공항에서는 외눈박이 아프리카인이라 입국 심사를 까다롭게 했다. 조사실로 가서 두 시간이나 조사를 받다가 겨우 입국을 허락받았다. 그때가 1997년이었는데 그때까지도 사람을 차별하는 경향이 있는 듯해 안타까웠다. 한국 사람들은 우리보다 못사는 나라에서 온 사람과 잘사는 나라에서 온 사람을 대하는 태도가 다를 뿐 아니라 그들 나라를 방문해도 같은 자세를 취하는 듯하다.

나도 그 무렵 미국을 방문할 때 중간 기착지인 벨기에 브뤼셀 공항에 들렀는데 온 가족이 불쾌한 일을 당했다. 브뤼셀 공항에서 항공기를 내리자마자 기다리고 있던 안전 요원을 따라 어떤 방으로 인도되었다. 온 가족의 여권을 받은 후 아무런 설명도 없이 그 방에 계속 머물게 했다. 아프리카인 몇 명도 앉아 있었다. 무슨 일이냐고 물어도 묵묵부답이었다. 여권만 계속 살펴보고 있었다. 그 후 아무런 설명도 하지 않고 다음 비행기를 타러 가라고 했다. 비행기 이륙 10분 전이었다. 아이들을 데리고 비행기 게이트까지 뛰어가야 했다. 모욕감이 들어 그 공항을 고소할 생각까지 했다. 벨기에라는 이름만 들어도 불쾌한 느낌이 생겼다. 이후 벨기에 항공은 절대 이용하지 않게 되었고, 벨기에산이라면 사지 않게 되었다. 공항에 일하는 분들은 그 나라의 얼굴 역할을 한다는 것을 인지하여 좀더 친절하고 명확하게 일을 해야 할 것 같다. 사소한 일일 수 있지만 이것이 애국의 길이라는 생각이 든다. 이 때문에 우리나라에서 사울이 받은 부당한 대우가 더욱 안타까웠다.

그는 수술을 해주기로 했던 병원에서 문제가 생겨 광주로 가서 수술을 받았다. 원래 계획에서 어긋나는 바람에 한국의 겨울을 체험해야 했다. 고생을 많이 했지만 다행히 겉보기에 멀쩡한 눈으로 우간다로 돌아왔다. 🐓

베스트 의사로
뽑히다

캄팔라는 1995년경부터 변하기 시작했는데 치안이 개선되면서 해외 투자가 증가되었다. 새천년인 2000년이 다가오면서 캄팔라의 발전 속도는 눈에 보일 정도로 빨랐다. 하지만 물라고 병원은 거의 변하지 않았다. 정부에서는 눈에 띄지 않는 의료 분야보다 사람들의 눈에 쉽게 띄는 도로나 건물을 짓는 데 예산을 집중했다.

병원에서 열심히 일해도 격려하는 것도 없고 일을 제대로 하지 않아도 벌을 주는 상벌 제도가 없었다. 하지만 물라고 병원에서는 새천년을 맞이하여 처음으로 베스트 의사를 뽑아 시상하기로 했다. 수상자는 병원장이 일방적으로 정하지 않고 각 과별로 투표로 뽑게 되었다. 내과에서도 투표를 실시했는데 내가 수상자로 결정되었다. 나를 잘 아는 동료들에게 인정받았다는 것이 고무적이었다. 지금까지 이런 시상식은 내가 일하기 시작한 1992년 이후에는 1999년 말 단 한 번밖에 없었는데 우간다 현지 의사와 독일 의사들을 제치고 한국인인 내가 받게 되어 감사했다. 당시 우간다 내무부 장관이었던 모세스 알리가 병원으로 와서 시상했다.

독살당한 경비견

　새천년의 시작인 2000년 1월 1일은 의외의 일로 분주하게 하루가 시작되었다. 1999년 마지막 날 손님들이 우리 집을 방문했다. 공항에서 이분들을 픽업해 밤늦게 집에 들어왔다. 그런데 새해 아침 집 밖에 나가보니 경비견 두 마리가 모두 죽어 있었다. 이들은 한국 교민에게 얻은 독일산 셰퍼드였다. 간밤에 도둑이 들면서 개들을 독살한 것이었다. 우간다에서는 개가 지키고 있는 집을 털기 위해서 도둑이나 강도들이 독약이 들어 있는 고깃덩어리를 이용했다. 우리 개들이 그것을 받아먹고는 거품을 품고 죽어 있었던 것이다. 아무리 좋은 품종의 개라도 훈련받지 못하면 아무 소용이 없다는 것을 알게 되었다. 교육받지 못한 백성이 망하듯 훈련 없는 개는 잡종개와 별 차이 없었다.

　당시 우리 집은 3층짜리 집 두 채가 같은 마당을 공유하고 있는 구조였다. 개들은 죽어 있고 우리 집에 피해가 없다면? 당연히 옆집에 문제가 생긴 것이었다. 그 집에는 영국 언론인과 변호사인 우간다 아내가 살고 있었다. 집 아래쪽에서 그들을 불렀으나 아무런 대답이 없었다. 벽에는 큰 발자국들이 찍혀 있었다. '혹시 살해당한 것이 아닐까?'라는 생각이 들어 그 집 문을 열심히 두드리다가 문이 열려 있는 것을 발견하고 2층으로 올라갔다. 그 사이에 그 집 아내가 3층 침실에서 2층으로 내려왔다. 무사해 보였다. 별 일 없냐고 물으니 괜찮다고 했다. 개 두 마리가 모두 죽었다고 알려주고 함께 이층 거실로 가보았다. TV·오디오·컴퓨터 등 전자제품과 카펫 등 값비싼 것들이 모두 사라지고 없었다. 거실을 샅샅이 뒤진 듯 서류와 사진들이 여기저기 흩어져 있었다. 새천년 첫날에 그런 일을 당했으니 얼마나 황당했을까? 하지만 그분은 유머 감각이 있었다. 가족사진을 들며 말했다. "하나님 감사합니다. 그들이 우리 가족사진은 두고 갔네요." 우리는 얼굴을 마주 보며 웃었다. 그렇게 새천년을 시작했다.

　도둑은 그 집 하우스보이였다. 1층에서 2층 발코니로 기어 올라간 후 발코니 문을 열고 들어가 가지고 있던 열쇠로 1층 입구를 열고 도둑질한 것이었다. 평소에 불량한 녀석이라 그 이웃에게 몇 번 주의를 주었는데 결국 그런 일이 생겼다. 우간다에서 도둑은 대부분 내부 사람들이 개입된다. 주로 집안일을 돕는 하우스보이나 하우스메이드가 열쇠를 복제해두었다가 외부인과 결탁해 도둑질하는 경우가 많다. 이 때문에 집안일을 돕는 사람을 구할 때에 조심해야 한다. 자물쇠를 짧은 시간에 따는 기술을 가진 도둑도 있겠지만, 우간다처럼 자물쇠를 여러 개 걸어놓는 곳에서는 그런 기술만으로는 집을 털기 쉽지 않다. 대부분 먼저 열쇠를 확보한 후 도둑질을 하게 된다. 따라서 다른 집으로 이사 가면 그 집에 있던 자물쇠는 모두 바꾸어야 한다. 그렇지 않으면 언제 도둑이 들지 모른다.

　도둑과 강도들 때문에 경비 회사가 많이 설립되었다. 외국인들 집과 우간다 부잣집에서는 대부분 이들 경비원을 고용한다. 외교관이나 정부 고위 관리 집에는 경찰이 파견 나와 지킨다. 우간다 군과 관련된 사람들의 집은 군인이 지킨다. 이들은 총으로 무장을 하고 있지만 그래도 도둑은 든다. 내부인과 결탁하기 때문이다. 심지어는 경찰이 도둑일 수도 있다. 한국대사관이 철수하기 직전 한국 외교관도 털린 적이 있었다. 갓 부임한 젊은 외교관이었는데, 우간다에 도착한 바로 그날 밤 도둑이 들어 거실에 있는 카펫과 신발을 도난당했다. 그래서 출근 첫날 구두가 없어 운동화를 빌려 신고 출근했다. 그런데 그 집을 지키던 경찰은 자신은 모르는 일이라고 발뺌했다고 한다. 근무 중에 졸지도 않았다고 주장했는데 도둑이 들어온 것은 몰랐다니 누가 믿겠는가. 이 때문에 많은 사람이 경찰이나 경비 회사도 믿지 못해 개를 기르고 있다. 하지만 개도 믿을 수는 없다. 그 개와 친한 사람이 도둑질을 하거나, 아예 이번 경우처럼 개를 독살하고 들어올 수 있기 때문이다.

응급실에서
도망친 의료인들

2000년에 우간다에서 일어난 일 가운데 세계에 큰 충격을 준 사건은 에볼라 출혈열 발생이었다. 에볼라 출혈열은 1967년에 원인균이 콩고에서 발견되었는데 아프리카 지역에서 가끔 돌발 감염을 일으킨다. 주로 작은 동물에게 있는 바이러스가 사람에게 넘어와 병을 일으킨다. 에볼라에 감염된 침팬지를 사람들이 먹어 감염되기도 했고, 박쥐에게 감염되기도 했다. 치사율이 아주 높기 때문에 모두가 두려워하는 병이다. 우간다에서도 지난 20년 동안 네 차례에 걸쳐 에볼라 출혈열이 발생했다. 2000년에는 우간다 북부 굴루 지역에서 발생했다. 그쪽에서 마신디, 음바라라 지역으로 확산되었다. 굴루 지역의 가장 큰 병원인 라초 병원의 병원장인 매튜 루키야도 에볼라 출혈열로 사망했다. 그는 마케레레 대학교에서 의학을 공부한 후 영국에서 열대병 석사학위를 받았다. 재학 기간 동안 성적이 좋아 영국에서 교수로 남을 것을 제안받았지만, 우간다로 돌아와 굴루 지역에서 환자들을 돌보았다. 그는 에볼라 출혈열 환자들을 진료하다가 감염되었는데 사망 직전에 〈믿는 사람들은 주의 군사니〉라는 찬송을 부르며 자신이 에볼라 출혈열의 마지막 희생자가 되기를 바라는 기도를 드렸다.

대부분의 사람이 에볼라 환자가 인구가 밀집된 수도에서도 발생해 대규모 참상을 겪지 않을까 노심초사하고 있었다. 다행히 병이 발병한 지역들이 모두 캄팔라에서 제법 떨어진 지역들이어서 캄팔라에서는 환자가 발생하지는 않았다. 하지만 에볼라가 우간다에서 도는 동안 모든 의료진이 긴장해 있었다. 워낙 치사율이 높았기 때문이었다. 감염을 피하기 위해 의료진들은 이 기간 동안 악수를 하지 않고 그냥 주먹을 쥐고 부딪치는 식으로 인사했다.

그런 긴장된 분위기에서 한번은 객혈하는 환자가 물라고 병원 응급실로 후송되었다. 그 환자를 진료한 의사가 작성한 후송소견서에 에볼라 출혈열이 의심된다고 적혀 있었다. 이에 놀란 물라고 병원 응급실 의사와 간호사들이 모두 환자를 버리고 도망가버렸다. 환자는 응급실에서 멍하니 의료진을 기다리다가 집에 가버렸다. 다음 날 보건부에서 뒤늦게 환자를 추적했는데 그는 에볼라 출혈열이 아니라 결핵으로 인해 피를 토했던 것으로 밝혀졌다. 이 때문에 도망친 의료인들의 행동에 대해 갑론을박이 있었으나 대부분 그들을 이해한다는 입장이었다. 만약 한국에서 이런 일이 벌어지면, 어떤 사후 조처가 있을지 궁금했다.

이런 상황이니 에볼라 출혈열이 발생한 지역에 의료진이 부족했다. 나는 고민하다가 굴루 지역으로 자원해서 가려고 했다. 하지만 계획대로 되지 않았다. 어떤 동료는 "영웅이 되고 싶은가?"라고 꼬집어 물었다. 그것은 문제가 아니었으나 가족의 반대가 심했다. 가족을 두고 죽을지도 모르는 곳으로 떠나는 것은 이기적인 행동이라는 것이었다. 결국 뜻을 접어야 했다. 이 사건은 두고두고 마음에 걸렸다. 다행히 에볼라 출혈열의 감염 경로를 알게 된 주민들의 절제된 행동으로 에볼라 출혈열은 소멸되었다. 아프리카에서 에볼라 바이러스가 전파되는 주된 경로 중 하나가 장례식이다. 전통적으로 우간다에서는 사람이 죽으면 시체를 깨끗이 씻긴 후 장례를 치르는데 그 씻기는 과정에서 많은 사람이 감염되었다. 보건부에서 에볼라로 죽은 환자는 장례를 치르지 말고 바로 매장하도록 교육했다. 이어 2007년과 2011년, 2012년에도 에볼라가 발생했지만 2000년의 교훈으로 인해 크게 번지지 않았다.

생활을 바꾸는
유통의 힘

2000년 우간다에 남아공의 슈퍼마켓 체인점인 숍라이트가 처음으로 개장되었다. 숍라이트가 진출하기 몇 해 전에 메트로라는 대형 쇼핑센터가 들어왔으나 실패했었다. 그 실패 요인은 두 가지로 보였다. 첫째는 회원제를 실시해 아무나 들어오지 못하게 했고, 둘째는 도매만 취급했다. 미국식인 이 방식은 우간다 형편에 맞지 않았다. 이 때문에 곧 망하고 말았다. 그러다가 숍라이트가 들어오면서 일대 전기를 맞았다. 기존에는 농산품 가격은 쌌지만 공산품 가격은 엄청나게 비쌌다. 보통 외국에서 파는 가격의 몇 배가 되었는데 숍라이트에서는 공산품 가격이 그렇게 비싸지 않았다. 물론 외국보다 비싸기는 하지만 기존 가격에 비하면 파격적으로 싼 가격이었다. 이 때문에 초기에는 사람들이 밀어닥쳐 쇼핑하기 힘들 정도였다. 특히 아이스크림이 인기를 끌었다. 이전에는 캄팔라에 제대로 된 아이스크림이 없었다. 아이스크림 가게가 캄팔라 시내에 두 곳이 있었지만 맛이 영 아니었다. 그리고 외국에서 수입된 아이스크림은 엄청나게 비쌌다. 이런 형편에서 양질의 아이스크림이 파격적인 가격에 판매되었기에 아이스크림은 들어오기 무섭게 팔려나갔다. 도저히 수요를 따라잡을 수 없어 숍라이트는 일인당 아이스크림 한 통만 살 수 있게 제한하기도 했다. 이 때문에 아이스크림을 몇 통 더 사기 위해 다른 사람을 데리고 쇼핑하러 가는 일이 벌어지기도 했다.

숍라이트의 우간다 진출로 인해 생활에 많은 변화가 왔다. 이전에는 한국이나 미국에 가면 주스 가루, 분유, 펜 등 일상생활에 필요한 거의 모든 것을 사와야 했다. 하지만 숍라이트가 생긴 후 다른 나라에 가도 그런 것을 사올 필요가 없게 되었다. 그 후로는 바깥에 나가면 한국 식품과 전자제품만 사오게 되었다. 유통업이 얼마나 중요한지 우간다에서 배울 수 있었다.

★ 사진을 뚜렷하게 나타내기 위해 사용하는 물질인 조영제를 직수에 넣어 촬영하는 방법.

허리 디스크도
축복이었다

어느 날 마케레레 대학교로 출근하는 길에 갑자기 요통이 엄습했다. 이전에도 요추염좌로 몇 번 고생한 적이 있었는지라 크게 신경 쓰지 않았는데 방사통까지 생겨 요추디스크에 문제가 생긴 것을 짐작할 수 있었다. 당시 우간다에는 MRI 촬영장비가 없고, CT 촬영장비도 너무 낡아 디스크 진단을 척수조영술(myelogram)★로 했다. 척수조영술도 장비를 제대로 갖추지 못한 환경에서 촬영하는 것이라 정확하지 않았다. 정확한 진단을 위해 이웃나라인 케냐로 가야 했다. 나이로비에 사는 친구에게 부탁해 미리 촬영 날짜를 예약했고 비행기를 타고 가서 MRI 촬영을 했다. 촬영비와 비행기 가격이 비슷했다. 결과는 요추 4번과 5번 추간판탈출증이었다. 우간다로 돌아와 정형외과 의사의 조언을 따라 물리치료를 받았으나 호전이 없었다. 통증이 심해서 일상생활이 힘들 정도였다. 허리 디스크에 대한 책을 찾아 열심히 읽어보았지만 치료 방법이 너무 많았다. 즉, 확실한 치료가 없다는 뜻이었다.

결국 한국으로 병가를 떠나야 했다. 당시는 에미레이트 항공이 우간다에 취항해 한국으로 가는 경로가 훨씬 편리해졌는데 허리가 아프다 보니 그 여정도 정말 길게 느껴졌다. 한국에 도착해 먼저 모교에 들러 척추 전문의인 은사님을 찾아 의견을 물었다. 그분은 수술 대신 대증요법을 권하셨다. 친구인 마취과 의사가 대구에서 제통의원을 하고 있었다. 그 친구가 신경근 차단술을 해주었다. 진단을 위해 조영제를 주사 맞을 때는 극심한 통증이 있었지만, 치료약을 투여하니 거짓말처럼 통증이 사라졌다. 그 날 밤 디스크가 발생한 후 처음으로 통증 없는 밤을 맞이할 수 있었다. 1주일 간격으로 신경근 차단술을 두 번 더 받았다.

우간다로 돌아와 허리 강화 운동을 시작했다. 더 이상 바쁘다는 평계로 운동을 미룰 수 없었다. 등산이 허리에 좋지만 캄팔라에는 주변에 등산할 만한 산이 없어 형편에는 맞지 않아, 수영을 하기로 했다. 나이 40세가 넘어 수영을 배운다는 것이 쉽지 않았다. 마침 집 가까이에 있는 호텔에 수영장이 있었는데, 그렇게 비싸지는 않았다. 과감하게 1년 회원권을 끊었다. 돈을 투자하니까 아까워서라도 운동을 하러 가게 되었다. 새벽 미명에 호텔로 가서 스트레칭을 하고 수영을 시작했다. 수영 후 사우나를 하고 샤워를 할 때마다 우간다에서 이런 생활을 할 수 있는 것이 너무 신기했다. 호텔 사우나에 느긋하게 앉아 있으니 완전히 딴 세상인 것 같았다. 그동안 내 생활은 더럽고 냄새 나는 병원에서 죽어가는 사람들 사이의 사투였는데 허리 디스크 때문에 캄팔라에도 다른 세계가 있다는 것을 알게 되었다.

수영을 시작하면서 전반적으로 건강이 좋아졌다. 이전에는 일상에서 조금만 벗어나면 체력적으로 힘들었는데, 운동을 시작한 후 새로운 일을 할 수 있는 체력이 마련되었다. 몸이 피곤하면 쉽게 짜증도 나고 삶이 움츠러드는데 체력이 뒷받침해주니 새로운 무언가를 시도할 수 있는 힘이 생겼다. 허리 디스크도 축복이었다. 🐓

월드컵의
뜨거운 열기

우간다에서는 다른 아프리카 국가와 마찬가지로 축구 열기
가 뜨겁다. 특히 월드컵 기간이 되면 난리가 난다. 우간다는 가난
한 나라여서 FIFA에서 무료로 월드컵 경기를 볼 수 있게 해주었
다. 어느 날 밤에 자고 있는데 큰 함성이 들렸다. 나는 그때가 월
드컵 기간인지도 모르고 있어서 혹시 쿠데타가 일어난 게 아닌
가 하는 걱정이 들었다. 알고 보니 다른 아프리카 국가가 월드컵
경기에서 득점을 한 것이었다. 평소에 사이가 좋지 않아도 월드
컵 기간에는 범아프리카주의(Pan-Africanism)가 발동해 서로 다
른 아프리카 국가들을 응원한다.

2002년 월드컵은 우간다에도 엄청난 파급 효과를 불러왔
다. 우간다 사람들이 TV를 보며 한국의 발전상에 놀랐고, 한국
팀이 4강까지 진출해 다시 놀랐다. 우간다 사람들이 한국 사람들
을 다시 보는 계기가 되었다. 교민들은 월드컵 기간 함께 모여 우
리 팀을 응원했다. 축구만큼 국민을 하나로 묶는 스포츠가 없는
것 같다. 미국에서 오신 목사님이 계셨는데, 그 집 두 형제는 미국
에서 출생해 자신들을 미국인이라고 생각하고 있었다. 그런데 월
드컵 기간에 축구를 보면서 한국인으로 자부하게 되는 놀라운
일도 일어났다.

2010년 월드컵 기간 중에는 캄팔라에서 끔찍한 일이 터졌
다. 월드컵 결승전을 보기 위해 사람들이 모인 곳에서 자살 폭탄
테러가 일어난 것이다. 두 곳에서 폭탄이 터졌는데 한 곳은 외국
인이 많이 모여 있던 식당이었고, 또 한 곳은 럭비클럽이었다. 럭

비클럽에는 많은 사람이 대형 스크린으로 월드컵 중계를 시청하고 있었다. 소말리아 무장 투쟁단체 알샤바브 소속 테러범들의 소행이었다. 테러 이유는 소말리아 내전을 종식시키기 위해 평화유지군을 각국에서 파견했는데 우간다에서도 군인들을 소말리아에 보냈다는 것이었다. 이 테러로 74명이 사망했고, 70명이 중상을 입었다. 이후로는 캄팔라 치안이 강화되어 대형 빌딩이나 큰 식당에 들어가려면 엄격한 보안 검사를 받아야 한다.

코니 반군의
끔찍한 만행

우간다 북부 아촐리 출신 티토 오켈로 대통령이 현 대통령인 무세베니가 이끄는 국민저항군(NRA)에 의해 축출된 후 아촐리 지역에 대규모의 약탈과 강간, 대량 살상이 발생했다. 여기에 반발한 조지프 코니가 신의 저항군(LRA)을 조직해 1986년부터 아촐리 지역을 중심으로 반군 활동을 시작했다. 처음에는 좋은 뜻으로 시작했겠지만 이 반군은 정부군과 싸우는 가운데 살아남기 위해서 떼강도로 변모되었다. 정부군에 쫓겨서 수단과 콩고 지역으로 피했다가 다시 우간다에 돌아와 살인과 약탈을 저질렀다. 특히 2002년 그 만행이 극에 달했다. 남학교를 습격해서 납치한 수백 명의 아이들을 훈련시켜 소년병으로 만들고, 여학교 아이들은 성노예로 만들었다. 코니 반군에게 잡혔다가 도망쳐온 여성들은 89퍼센트가 성병을 앓고 있었다. 처음에는 주로 매독과 임질이었으나 차츰 HIV 감염자도 늘어났다. 1986년부터 2009년 사이 6만 6000명의 소년병이 생겼으며 200만 명의 이재민이 생긴 것으로 집계되었다.

우간다 북부로 향하는 주요 간선도로에서는 중무장한 호송 차량이 없이는 운행할 수 없게 되었다. 식량을 싣고 가는 유엔 식량농업기구의 차도 공격받는 상황이니 거의 무법천지였다. 우간다 정부군이 코니 반군에게 공격받아 살해당했다는 소식이 신문의 3면에 실릴 정도가 되었다. 나라를 지키는 군인이 자기 나라에서 살해당했다면 1면의 톱기사가 되어야 하는데 3면에 작게 보도가 될 정도로 폭력과 무질서가 난무했다. 코니 반군 때문에 사람들이 마을을 떠나 정부군이 지키고 있는 큰 도시로 모여들었다. 2002년에만 우간다 북부 지방에서 50만 명의 난민이 생겼다. 신문에는 연일 코니 반군의 만행이 보도되고 있었다. 코니 반군으로 인해 사회 전반적으로 폭력성도 증가했다. 그해 우간다 서부 도시인 음바라라에서 1월부터 9월 사이 범죄로 인해 95명이 죽었다는 기사도 실리고, 어느 주말에 미친 사람이 놀고 있던 어린이들을 팡가와 도끼로 무차별 살해하는 사건이 생기는가 하면, 수도인 캄팔라에서도 보다보다* 운전사 300명이 경찰서를 습격해서 수십 명의 사상자가 생겼다. 심한 폭력이 반복되면 사회에 광기가 흐르게 되는 것 같다.

우간다 북부 출신 국회의원들은 정부가 코니 반군 사태 해결에 성의를 보이지 않는다며 국회 참석을 거부하기도 했다. 하지만 반군들을 정리하는 것은 쉽지 않다. 밀림에 숨어 있는 반군들을 찾아내는 일이 어렵기 때문이다. 반군은 숨어 있다가 경계가 약화되면 오히려 정부군을 공격했다. 북부에서 피난 온 사람들은 코니 반군이 공격해오면 정부군이 마주 싸우는 것이 아니라 도망간다고 했다. 다행히도 국제 사회에서 이들 반군을 제거하는 데 힘을 합치게 되었다. 코니 반군은 국제적인 테러리스트로 분류되었고, 2005년 국제형사재판소는 코니를 전쟁범으로, 그리고 인권에 반하는 범죄자로 고소했다. 미국도 코니를 제거하는 데 힘쓰고 있다. 하지만 아직 체포되지 않았다. 아마도 콩고 지역이나 중앙아프리카의 밀림 지대에 숨어 있는 것 같다. 그가 어떤 벌을 받든지 그가 저지른 범죄에 비해서는 가벼울 것이다. 다시는 이런 사람이 나타나지 않기를 바란다. 🐦

우간다의 젊은 의사들은
대다수가 제자

마케레레 대학교 의대에서 오랫동안 강의를 하니 우간다에 있는 젊은 의사 대다수가 제자들이다. 음바라라 대학교와 굴루 대학교에 의대가 생기기는 했지만, 학생 수가 많지 않고 역사가 짧기 때문에 그쪽 출신 의사는 아직 많지 않다. 캄팔라에 있을 때는 잘 느끼지 못했는데 여행을 떠나보면 제자들이 많은 것을 느낀다. 한국에서 의료팀이 올 때마다 시골로 의료봉사를 가면 그곳에 있는 의사 대부분이 나를 알아보고 먼저 인사를 해왔다. 그래서 쉽게 협조를 받을 수 있었다. 어쩌다 해외로 여행 갈 때도 공항이나 비행기에서 인사하는 사람을 자주 만났다. 아무래도 해외로 다닐 수 있는 경제 형편이 되는 사람들이 드문 나라이고 의사들은 해외여행을 하는 경우가 많으니 그런 것 같다.

한번은 스와질란드를 방문했을 때 남아공의 요하네스버그 공항에서 스와질란드 수도인 음바바네까지 버스를 이용했는데, 버스 주차장에서 인사하는 사람이 있었다. 마케레레 의대를 졸업하고 스와질란드에서 일하는 제자였다. 돌아오는 길에는 요하네스버그 공항에서 제자 한 명을 만났는데 항공기 안에서도 다른 제자를 만났다. 마케레레 대학교가 아프리카에서 명성이 있고, 졸업생들이 처신을 잘해서 다 좋은 평판을 받고 있어 흐뭇했다. 전임 우간다 보건부 장관과 현 보건부 부장관 또한 제자들이다. 마케레레 대학교 의대는 한 학년이 대략 100~120명이었으니 제자들은 약 2000명 정도는 될 것 같다.

마케레레 대학 졸업식에서 제자들과 함께.

스와질란드에서 만난 제자. 제자들이 좋은 평판을 받고 있어 흐뭇하다.

우간다 의료진을
믿지 않는 대통령

무세베니 대통령은 우간다의 의료진에 대한 불신이 있다. 2003년 우간다 일간지 〈더 모니터〉는 무세베니 대통령은 만삭이 된 딸 나타샤와 임신 중인 며느리를 대통령 전용기에 태워 독일로 보냈다고 보도했다. 이 신문은 이들의 독일 출산 여행에 든 경비는 총 9만 달러였으며, 특히 나타샤의 출산 비용은 정부 예산에서 지출됐다고 지적하며 해외 출산 비용을 유방암과 말라리아 퇴치에 썼으면 좋았을 것이라고 비판했다.

그러나 무세베니 대통령은 의료비는 본인이 부담했으며 전용기 운항 비용은 2만 7000달러에 불과하다고 반박했다. 그는 우간다 의료진 중에 적대 세력이 많아 생존 전략 차원에서 해외 출산을 택할 수밖에 없었다고 강변해 더욱 큰 비난을 받았다. 무세베니는 언론에 보낸 편지에서 우간다 의료 체제의 문제점은 일부 의사들이 특정 당파에 기울어 있고, 이 같은 적대적인 의사들 때문에 보안이 취약하다며 17년간 수도 캄팔라에서 살아왔지만 혈액 검사를 한 번도 받아본 적이 없다고 주장했다. 실제로 주위에서 무세베니 대통령이나 그 가족들을 진료한 의사를 찾을 수 없었다. 비만이 심해 질병이 없을 리 없는 무세베니는 한 번씩 인도를 다녀오는데 이때 그곳에서 진료를 받는다는 설이 유력하다.

우간다 의사들은 대통령의 이런 태도에 불만이 많다. 한때 불안한 치안을 개선하고 우간다의 경제 성장을 이뤘다는 평가를 받았으나 거듭되는 부정부패 의혹과 다당제 거부 등으로 비판의 대상이 되었다. 그가 이끄는 국민저항운동(NRM)의 상징색이 노란색이라 그 색을 싫어하는 사람들도 많아졌다. 마케레레 의대에서 임상 시험을 칠 때 시험관들은 파일철을 하나씩 받게 된다. 학생들을 평가한 후 성적을 기록하는 종이를 넣어두어야 하기 때문이다. 한번은 동료 우간다 의사에게 노란색 파일철이 주어졌다. 그는 노란색이 싫다며 다른 색 파일철을 선택했다. 그러자 주위에 있던 의사들이 다 함께 폭소를 터트렸다.

한국에서
연수 교육을 받다

아무래도 오랜 시간을 후진국에서 보내면 최신 의학 동향에 대해 무지해지고, 놀라운 속도로 발전하는 의학 세계에서 뒤처질 수밖에 없다. 나는 그래도 대학병원에서 근무하며 대학생과 대학원생들에게 강의를 해야 했기 때문에 최신 의학 교과서와 업투데이트라는 의학 CD를 가까이할 수 있었다. 하지만 이것으로는 부족했다. 특히 진료를 하면서 필요한 특정 부분의 지식과 경험이 부족함을 느껴 코이카에 연수 교육을 제안했다. 이 제안이 받아들여져 정파의 연수 교육이 실시되었다.

연수는 10년 이상 일한 정파의에게 허락되었는데, 서사모아에서 일하던 소아과 최영진 선생님, 카메룬에서 일하던 외과 김시원 선생님과 함께 연수를 받았다. 존경스러운 분들과 함께하는 시간이 귀중했고 즐거웠다. 나는 모교 병원에 가서 복부 초음파와 흉부 CT에 대해 배웠다. 물라고 병원 내과에 한국대사관에서 기증한 메디슨 초음파 진단기가 있었고, 물라고 병원 방사선과에서는 CT 촬영이 가능하게 되어 그쪽 지식이 필요했다. 그리고 4년 뒤 2차 교육 때는 대구가톨릭병원에서 대장내시경을 배웠다. 대장내시경은 내가 내과 수련을 받을 당시(1985~88년)에는 한국에서 거의 시행되지 않는 검사였다. 대구가톨릭대학교 내과의 김호각 교수님과 외과의 이한일 교수님이 많이 도와주어서 대장내시경을 회장말단까지 넣을 수 있게 되었다. 그런데 막상 우간다에 돌아와서는 대장내시경을 시행할 수가 없었다. 대장내시경 도입이 원래 병원 계획보다 많이 늦어져 배운 것을 사용할 내시경이 없었다. 마케레레 대학교에서는 곧 내과 분과제도가 시작되었고, 나는 호흡기내과 분과장으로 일하게 되었다.

　이 경험을 통해 아무리 좋은 기술과 지식이 있어도 현지 사정과 맞지 않으면 무용지물이 된다는 평범한 상식을 되새김질하게 되었다. 보수 교육의 기회가 다시 온다면, 가까운 미래에 쓰일 지식과 기술을 선택하는 대신 현지에서 당장 써먹을 수 있는 것을 골라 깊이 있게 배우는 선택이 필요함을 느꼈다. 아프리카에서 오랜 기간 일하고서도 개인적으로 하고 싶었던 것을 선택해 시간을 낭비하는 실수를 한 것이다.

한국의 위상을 높이는
의료팀들

1999년부터 대전 충남대학교 교수들을 중심으로 의료팀이 매년 우간다에 들어와 의료 캠프를 시행했다. 이들은 주로 아테소 지역인 쿠미에서 진료했다. 그리고 곧 광주 조선대학교 의료팀이 매년 방문해 리안톤데, 부부마 섬, 캅초루아 지역 등에서 진료했다. 부부마 섬은 빅토리아 호수에 있는 섬으로 베데스다 클리닉에서 진료소를 설치해 돕고 있는 곳이다. 이 팀들이 지역민을 헌신적으로 섬겨 각 지역에서 칭송이 자자했고 한국의 위상을 높일 수 있었다.

단기 팀들의 활동 중에 가장 효과적인 것이 외과 수술인데, 특히 화상 환자들에게 하는 수술이다. 화상이나 흉터로 인해 팔다리를 펴지 못하는 사람들이 수술 후 다시 팔다리를 사용할 수 있게 되니 그들이 새로운 삶을 시작하게 도울 수 있었던 것이다. 나도 이들과 함께 진료에 동참했는데, 그런 부분에서는 보람도 컸지만 아쉬운 점이 많았다. 단기 치료만으로는 만성병을 앓고 있는 환자들을 효과적으로 도울 수 없었기 때문이다. 특히 캅초루아 인근에 살고 있는 한 어린이는 지금 생각해도 마음이 아프다. 무릎뼈인 경골에 만성골수염이 있어 고름이 나오고 파리들이 그 주변을 들끓고 있었다. 수술이 필요했지만, 주변에 수술을 시행할 만한 시설이 없었다. 하다못해 매일 상처 부위를 소독하고 드레싱을 해야 했지만 클리닉이 있는 곳도 너무 멀어 갈 수 없었다. 할 수 없이 한 달간의 항생제와 상처를 덮을 거즈를 주고 돌아올 수밖에 없었다. 아이가 얼마나 좋아졌을지 걱정이 되었다.

캅초루아 지역의 허름한 시골집.

시골집에서 아이를 진료하는 단기 의료팀 의사.

한국과 미국, 독일에서 온 의료 봉사자들과 함께.

미국 대학과
공동 연구를 하다

　내가 논문을 지도했던 제자인 윌리엄의 논문이 〈국제 결핵 및 폐질환 저널(International Journal of Tuberculosis and Lung diseases)〉에 게재되었다. 이 논문을 읽고 미국에서 HIV 연구에 가장 앞서가는 캘리포니아 대학교 샌프란시스코 캠퍼스(이하 UCSF)에서 우간다로 접촉해왔다. 그 논문이 뉴모시스형 폐렴(Pneumoncystis pneumonia)*에 관한 것이어서 그 병에 관심이 많은 후앙(Huang) 박사가 공동 연구를 제의해온 것이다. 미국 국립보건원(NIH)에서 연구 기금을 받아 연구를 시작하게 되었다. 사실 우간다에는 논문을 쓸 거리가 널려 있지만 기본적인 검사가 받쳐주지 못해 좋은 논문을 쓸 수 없었다.

　이 팀이 오기 이전에는 그나마 함께 일하던 독일인 임상병리사가 기관지경 검사에서 채취한 기관지폐포세척액(Bronchoalveolar Lavage fluid)을 분석할 수 있어서 기관지경 검사실에서 자료를 모을 수 있었다. 이 자료들을 분석해 〈아프리카 의료과학 저널(African Journal of Health Science)〉과 〈대한내과학회지〉에 논문을 게재할 수 있었다. 〈대한내과학회지〉에 영문으로 게재한 폐카포시육종(Pulmonary Kaposis sarcoma)**에 대한 논문은 우수 논문으로 지정되어 상금도 받았고, 의학 사이트 〈업투데이트(Uptodate)〉에 참조 논문으로 인용되고 있다. 논문을 쓸 거리가 널려 있지만, 기본적인 배경이 없어 못하고 있던 일을 UCSF 팀이 함께 함으로 학문적인 연구를 할 수 있게 되었다.

　UCSF 팀은 마인드(MIND: Mulago Inpatients Non-invasive Diagnosis of pneumonia)라는 이름의 프로젝트를 시작했고, 윌리엄과 나도 그 팀과 함께하게 되었다. 윌리엄은 그 팀에서 수당을 받았지만 나는 코이카에 속해 있는 관계로 받지 않았다. 독일의 원조 단체인 독일기술협력공사(GTZ)에서는 자신들의 봉사자들이 일하는 과정에서 수입이 생기면 그것을 신고하게 하고, 그 수입분만큼 월급에서 삭감했다. 하지만 코이카는 일체의 외부 수입을 용납하지 않는다. 이들과 일을 시작한 지 몇 년 후 코이카 정파의 제도가 폐지되었고, 이때부터 나도 UCSF 팀과 계약을 맺어 수당을 받게 되었다. 집세와 교통비를 이 팀에서 받은 수당으로 충당할 수 있었다. 함께 팀을 꾸려보니 서양인과 아프리카인, 아시아인 사이의 사고방식에 차이가 적지 않았다. 서양인은 '말을 하지 않는데 네 마음을 내가 어떻게 알 수 있느냐?'이고, 아프리카인과 아시아인은 '상황이 분명한데 그것을 굳이 말을 해야 하느냐?'는 식이었다. 미국인은 아주 실용적인 사고를 하고 있어 우리와 같은 '정(情)' 개념이 없는 듯했다. 우간다인에게는 정 개념이 있다.

　　연구 자료 중 중심적인 내용은 당연히 미국 의사들이 첫 번째 저자가 되어 논문을 썼다. 자료를 모으는 가운데 떨어지는 콩고물은 이곳에 있는 사람들이 받아서 논문을 쓰게 되었다. 어쨌든 이 팀 덕분에 물라고 병원에 입원한 환자들이 비교적 신속한 진단을 받을 수 있게 되어 큰 도움이었다. 나도 이 팀을 통해 폐에 생기는 진균 감염인 폐크립토콕쿠스증(pulmonary cryptococcosis)★★★에 대한, 또 HIV에 감염된 환자들의 흉부 엑스레이 소견에 대한 첫 번째 저자로 논문을 써 국제 학회지에 게재할 수 있었다. 공동 저자로 참여한 것까지 합하면 20여 편 논문의 저자가 되었고 이로 인해 2013년에 마케레레 대학교에서 명예교수로 위촉받게 되었다. UCSF 팀은 역시 자료를 다루고 논문을 쓰는 태도가 달랐다. 지금은 많이 좋아졌겠지만, 내가 한국에 있을 당시 논문 쓰기는 주먹구구식에 가까웠다. 하지만 이들은 매주 한 번씩 컨퍼런스 콜(conference call)이라는 전화회의를 하면서 자료 처리

★★★ 진균의 일종인 폐크립토콕쿠스증에 의해 생기는 폐렴.

★★ 면역결핍증이 있는 환자에게 특징적으로 생기는 카포시육종이 폐에 생긴 것.

★ 면역결핍증이 있는 환자에게 특징적으로 생길 수 있는 진균성 폐렴.

뿐 아니라 모든 과정을 함께 의논하고 의견을 나누었다. 연구하
는 자세에 대해 눈을 뜨게 해준 고마운 팀이다.

이 팀의 주선으로 2008년 캐나다 토론토에서 열린 미국흉
부학회(ATS)에 윌리엄과 함께 참석했다. 이 팀에서 왕복 항공료
와 호텔비도 제공해주어, 토론토 중심가에 있는 호텔에 머물렀
다. 학회는 엄청난 규모였다. 정확한 인원은 모르겠으나 1000명
쯤 참석하는 것 같았다. 프로그램이 워낙 많아 듣고 싶은 프로그
램도 다 참석할 수 없었다. 현대 의학이 얼마나 진보되고 있는지
실감했다.

캐나다 토론토에서 열린 미국흉부학회에서 UCSF 팀과 함께. 뒷줄의 아프리카인이 제자인 윌리엄이다.

너무 흔한
시위

우간다에서는 시위가 자주 일어났다. 윗선에서 민원을 경청하지 않기 때문에 의견을 전달하기 위해서 시위를 하는 것이다. 예를 들면, 전기 사정이 좋지 않을 때에는 시내에서 장사하는 사람들이 시위했다. 발전기로 전기를 만들면 기름값이 많이 들어 수지가 맞지 않기 때문이다. 이 시위 후 캄팔라 시내 쪽은 전기 사정이 좋아졌다. 하지만 이 때문에 우리가 사는 변두리 지역은 전기 사정이 더 나빠졌다. 하루에도 몇 번씩 전기가 나갔다. 작은 파이에서 자신의 몫을 챙겨가면 다른 사람이 피해를 받을 수밖에 없다.

시위의 시발점은 거의가 대학교다. 하지만 1970~80년대 한국 대학처럼 민주화를 요구하는 것 같은 거창한 시위가 아니라 임금 인상이나 처우 개선을 요구하는 것들이 대부분이다. 학생보다 대학 강사들이 더 자주 시위를 했다. 주로 마케레레 대학교 강사들이 선도하면 다른 대학에서도 따라하는 식이었다. 그런데 이들이 요구하는 월급 인상액이 어마어마했다. 툭하면 300퍼센트 인상을 요구했다. 2000년대 들어서서는 강사들의 파업으로 인해 수업이 제대로 진행되지 못하는 학기가 부쩍 많아졌다. 대학생들의 시위는 대학에서 나오는 음식이 부실하다거나 대학 등록금과 관련된 것이 대다수였다. 가끔 치안 부재로 캠퍼스 안에서 학생이 강도에게 사망한 경우에도 시위를 했다. 2000년대에 들어서는 우간다 경찰도 시위 진압 장비를 갖추게 되었다. 한국의 전투경찰과 비슷한 복장으로 시위를 진압하기 시작했다. 최루탄과 물대포도 들여왔다. 시위가 잦은 기간에는 캠퍼스 가까운 곳에 물대포 차량이 대기하고 있다.

병원에서도 인턴들이 종종 시위했다. 주로 임금 인상 때문이거나, 정부에서 월급을 제때 지급하지 않기 때문이었다. 문제는 이들이 진료 거부를 자신들의 불만을 개선하는 도구로 이용하는 것이다. 한국과 달리 우간다에서는 인턴 의사가 환자 진료에 엄청나게 중요한 역할을 하기 때문에 이들이 진료를 거부하면 병원이 제대로 돌아가지 않는다. 특히 방학 기간에 시위를 하면 진료가 거의 마비된다. 마지막 학년인 5학년 학생들이 인턴들의 일을 많이 돕는데 이들이 방학 기간이라 부재해 있고, 결정적으로 한국의 레지던트에 해당하는 대학원생들도 없기 때문이다. 그런데 인턴들이 파업을 시작하면 이 파업을 중단시키는 것이 쉽지 않다. 병원장이 나서서 중재해도 그의 말을 인턴들이 신뢰하지 않기 때문이다. 병원장이 월급을 주지 않으려고 하는 것도 아니고 정부 시스템에 문제가 있기 때문이다. 결국 대통령의 약속을 받아야 파업을 중단한다. 가장 힘든 때는 마케레레 대학교 강사와 인턴이 같은 시기에 파업하는 경우다. 그러면 환자들은 거의 방치될 수밖에 없다.

2005년에는 마케레레 대학교에 돈이 없어 직원들에게 월급을 몇 달째 주지 못하고 있었다. 정부에서 돈을 주지 않아 물라고 병원도 응급 수술을 제외한 모든 수술을 중단해야 했다. 이런 형편에서 국회의원들에게는 월급을 1000만 실링씩 올려주고 모든 국회의원에게 토요타 SUV를 한 대씩 지급했다. 그리고 한 정부 각료의 해외 치료를 위해 7000만 실링을 사용하기로 했다고 신문에 실렸다. 이런 기사를 읽으니 우간다 사람들이 개인적인 이익이 아니라 사회정의를 위해 시위를 하면 좋겠다는 생각이 들었다.

아프리카에서 느끼는
일본의 힘

아프리카에 있으면 일본의 경제력을 실감하게 된다. 한국 정부가 우간다를 돕는 금액은 1990년대에는 몇만 달러 단위였고, 2000년대에는 몇십 만 달러 단위였다. 그런데 일본의 원조 규모는 몇천 만 달러 단위다.

2002년 9월 26일이 일본과 우간다가 국교를 맺은 지 40년이 되는 날이었다. 우간다의 한 일간지에 16쪽에 걸쳐 대대적으로 일본에 대한 기사가 보도되었다. 그중 의료와 관련된 것은 물라고 병원 중환자실에 300만 달러가량의 장비를 기부했고, 이것을 운용하기 위해 일본 간호사가 일하고 있으며, 또 의료 인력 훈련을 위해 마케레레 의대에 5억 6000만 실링(약 3만 달러)의 장비를 기증했다는 것이다. 그리고 시골에 식수를 공급하기 위해 2750만 달러를 들여 435개의 우물을 뚫고 있다고 했다. 이뿐 아니라 일본 정부는 유엔환경계획을 통해 소아마비 예방접종 사업을 지원하고 150만 달러어치의 백신과 트럭, 발전기 등도 지원했다. 그들은 우간다를 위해 2000년부터 2002년까지 총 1056만 달러의 프로젝트를 진행했다.

그래서 우간다 여러 지역의 병원에 가면 틀림없이 볼 수 있는 것이 있다. 일본 자이카 마크를 부착한 의료기기들이다. 이 때문에 우간다 사람들은 코이카는 잘 몰라도 자이카는 다 안다. 이 무렵 일본 대사가 물라고 병원을 방문해 의료 기자재 기증식을 가졌다. 그는 일본의 평균 수명이 87세인데 우간다의 평균 수명은 50세라며 일본은 최선을 다해 우간다 사람들이 오래 살 수 있도록 돕겠다고 했다. 나도 기증식에 참석했는데 속이 스멀거리는 것이 느껴졌다. 내가 편협한 민족주의자이기 때문일까? 이들은 가장 가까운 이웃인 한국에는 제대로 사과하지 않으면서 멀리 떨어진 나라들에는 왜 이렇게 좋은 나라인 척하는 것일까?

하지만 일본이 아프리카를 돕는 데 큰 역할을 하고 있다는 것을 시인하지 않을 수 없다. 당장 물라고 병원 중환자실에 있는 대부분의 의료 기구는 일본에서 기증한 것이다. 또 자이카 봉사 단원으로 우간다에 와 있는 컴퓨터 전문가의 도움을 받아 호흡기 내과 병동 환자 관리 프로그램을 만들기도 했다. 그 당시는 코이카 봉사자들은 아직 우간다에 오지 않을 때였다. 2010년대에 들어서야 코이카 봉사단원이 우간다에 들어오기 시작했다. 이들도 가는 곳마다 붙어 있는 자이카 마크에 놀라는 듯했다. 하지만 기죽지 않고 더욱 열심히 일하는 모습을 보니 보기에 좋다. 우리도 국력이 커진 만큼 후발 개발도상국들을 좀더 효율적으로 도울 수 있으면 좋겠다.

우간다의 인구가
정체되었던 원인

1990년대에는 우간다의 인구가 좀처럼 늘지 않았다. 1992년 1700만 명에서 수년간 정체 상태에 있었다. 엄청난 수의 사람들이 사망했기 때문이다. 말라리아와 같은 열대병, 위생 불량으로 인한 설사, HIV 등으로 죽는 사람들과 반군 활동으로 인한 사망자도 하루에 수백 명씩이니 늘지 못했던 것 같다. 다행히 워낙 출생률이 높기 때문에 인구가 줄지도 않았다. 그러다가 2000년대에 접어들면서 늘어나기 시작했다. 사망률이 많이 줄고 그 사이 내전도 없었기에 2002년 인구조사에서는 예상보다 100만 명이 더 많은 2460만 명이 집계되었다. 여성 일인당 자녀 생산은 6.9명, 인구 증가율은 3.6퍼센트였다. 한국의 베이비부머 세대를 능가한다. 2014년에는 인구가 3500만 명으로 집계되었다.

이러니 인구 대다수가 젊은 사람들이다. 어디를 가더라도 어린이와 젊은이들이고 나이 든 사람은 보기 힘들다. 하지만 우간다가 정치경제적으로 안정이 되면서 사람들이 자녀 교육에 정성을 많이 쓰게 되었고 이로 인해 출생률이 줄어드는 듯하다. 교육받은 사람들은 이구동성으로 자녀를 적게 낳겠다고 한다. 교육비가 만만치 않기 때문이다. 병원 의사 대부분은 자녀를 두세 명 정도 갖기를 원했다. 왜 더 낳지 않으려 하느냐고 물어보면 공통적으로 교육비를 감당하기 어려워서 많이 낳을 수 없다고 답했다. 우리나라처럼 우간다도 인구 조절에 교육 문제가 결정적인 역할을 하게 될 것 같다.

VIP 환자를
치료하다

2004년에는 우간다에서 비교적 가진 사람들을 진료하게
되었다. 2월 초에는 주이탈리아 우간다 대사가 폴라고 병원에 입
원했다. 이탈리아에서 근무하는 동안 대사 부부가 병이 나서 부
인은 이탈리아에서 사망하고 대사만 우간다로 후송되었다. 아마
도 자신도 곧 죽을 것이라는 생각에 고향으로 돌아온 것 같았다.
대사는 일반 병실이 아닌 6층 개인 전용 병동에 입원했다. 나는
개인 전용 병동 환자 진료는 다른 의사들에게 맡기고 일반 병동
환자만 치료하기를 원했다. 하지만 그의 문제가 호흡기 질환이었
고, 병원장이 부탁을 해와서 결국 내가 주치의를 해야 했다. 6층
에도 방 등급이 있는데 대사는 특실에 입원해 있었다. 6층 환자
들에게는 병원에 약이 없으면 병원이 구입해 투약했다. 그는 검사
결과 에이즈 환자로 판명되었고, 결핵에 걸린 것도 확인되었다. 결
핵 약제를 처방하고 퇴원시켰다. 그는 감사의 표시로 내게 자신
의 병이 회복되어 로마로 돌아가면 이탈리아를 방문해달라고 말
했다. 로마에 가보고 싶었지만 그때까지 그가 버틸지 의문이었다.
아니나 다를까 그해 6월에 그의 사망 소식이 신문에 실렸다.

한번은 힐다라는 VIP 환자를 치료한 적이 있었다. 결혼도
하지 않은 젊은 여성이었는데 폐렴과 신부전이 심했다. 투석이 필
요한 환자였지만 혈액 투석을 할 수 없었다. 혈액 투석기는 있는
데 투석액이 없었기 때문이다. 그런데 힐다 아버지가 엄청 부자인
모양이었다. 그는 딸을 나이로비로 보내 혈액 투석을 시키려고 했
다. 병원의 모두가 이 환자에 대한 관심이 높았다. 한국에서 군대

생활 중 사단장과 사병 진료에서 겪었던 갈등이 생각이 났다. 군의관으로 입대할 당시에는 사단장이나 이등병이나 똑같은 자세로 진료를 하겠다고 마음먹었지만, 쉽지 않았다. 사단장은 한 명이고 이등병은 많았다. 우간다에서도 병원장이나 다른 사람들이 그 환자에게 관심을 보이니 그 환자에 주의를 더 기울일 수밖에 없었다. 나도 아직 훌륭한 인격을 갖춘 의사가 되기에는 갈 길이 멀었다. 힐다는 결국 투석을 받지 못하고 사망했지만, 그 아버지는 내게 감사의 메시지를 보내왔다.

6월에는 우간다 국회의원 한 명이 찾아왔다. 한쪽 팔이 없어서 의수를 하고 있는 의원이었는데 외국에서 박사까지 받은 지식인이었다. 종격동에 종양이 있어 나를 찾아왔다. 일단 위치로 보아 갑상선 종양이 의심되었지만 폐에도 심상치 않는 부분이 있어 기관지경을 하기로 했다. 그런데 한 내과 동료가 갑상선 질환으로만 몰고 가면서 자신이 진료하겠다고 했다. 환자가 VIP였기 때문이다. 하지만 국회의원은 내게 진료받겠다고 했다. 기관지경 검사로 폐암으로 확진되었다. 우간다에서는 절제술도 안 되고, 항암 요법도 쉽지 않다. 결국 남아공으로 환자를 보내야 했다. 그는 귀국 후 나를 찾아와 덕분에 조기에 병을 확진하고 제대로 치료를 받게 되었다며 감사 인사를 했다. 그러나 결국 3년 뒤 남아공 병원에서 사망했다. 우간다에서 폐암 환자는 진단받고 대부분 1년 이내에 사망하는데, 그는 외국에서 치료를 받으며 3년이나 버틴 셈이었다.

백인 환자에게 물린
과도한 입원비

우간다의 경제 사정이 조금 좋아지면서 물라고 병원은 돈을 내고 치료받을 수 있는 환자들에 대해 관심을 가지게 되었다. 부자 환자들을 물라고 병원 개인 전용 병동에서 치료받게 해서 수입을 올리겠다는 것이었다. 병원장은 영리 목적 진료 세미나를 개최해 시니어 의사들에게 물라고 병원 개인 전용 외래에서 진료해달라고 했다. 내게는 개인적인 제안을 해왔다. 개인 전용 외래에서 진료하면 내가 진료하는 환자 수에 관계없이 매달 100만 실링(500달러)을 주겠다고 했다. 어차피 근무 시간에 환자를 보는 것이고 그 수입으로 일반 병실에 입원한 다른 환자들을 도울 수 있을 것 같았다. 혹시나 해서 코이카에 문의해보니 역시 영리적인 목적이 있는 진료에는 관여해서는 안 된다는 답이 와 그 제안을 받아들이지 못했다.

병원 수입을 올려 물라고 병원 경영을 개선하겠다는 의지는 좋았지만 어떤 때는 너무 돈을 밝히기도 했다. 2005년 어느 날 병원에서 당직을 서는데 덴마크인 한 명이 심한 말라리아로 입원했다. 상태가 심각해 바로 중환자실로 보냈다. 5일 동안 중환자실에 입원해 있다가 겨우 회복이 되어 일반 병실로 돌아왔다. 그런데 문제는 이 환자에게 과도하게 입원비를 책정한 것이었다. 그가 나에게 입원비 청구서를 들고 와서 도움을 요청했다. 청구서를 보니 2500만 실링이 적혀 있었다. 아무리 피부색이 다른 사람이라도 너무했다는 생각이 들었다. 이 문제를 두고 가까운 내과 의사들과 상의해보았더니 모두 입원비가 과도하다고 했다. 그래서 나는 이 환자에게 청구된 진료비에서 내가 기여한 부분을 빼달라고 병원 측에 요청했다. 담당자는 미국에서는 이 정도의 금액은 아무것도 아니라며, 정당한 금액이라고 주장했다. 하지만 물라고 병원은 미국 병원이 아니다. 결국 덴마크인은 합리적인 금액을 지불하고 퇴원했다.

소형 초음파기로
많은 환자를 살리다

2005년 코이카 활동비로 소형 초음파기를 구입했다. 미국 소노사이트에서 판매하는 아이룩(iLook)이라는 기종이다. 1년 전 우간다를 방문했던 영국 의사가 들고 와서 사용했던 것을 보고 진료에 도움이 될 것 같아 구입했다. 원래 코이카 활동비로는 구입할 수 없는 기종이었지만 미국 소노사이트 판매 담당자에게 이메일로 부탁해서 코이카 활동비로 구입할 수 있게 할인받았다. 이 기계는 크기가 작아 회진하는 동안 가방에 넣고 다니다가 필요할 때 꺼내서 바로 초음파 검사를 할 수 있었다. 초음파의 해상도는 떨어졌지만 웬만한 장기는 다 검사할 수 있었다. 심장 초음파, 흉부 초음파, 복부 초음파 등을 할 수 있어 환자를 방사선과에 내려보내지 않고도 바로 진단이 가능하게 되었다. 입원된 환자들 대다수가 방사선과에 지불할 돈이 없을 뿐 아니라, 방사선과에서는 방사선과 의사가 아니라 경험 없는 방사선사가 검사를 했기 때문에 그 소견을 믿을 수 없었다. 더군다나 검사를 의뢰해도 바로 하지 않고 다음 날 시행하는 경우가 많아 무척 불편했다.

이 초음파기를 사용함으로써 진료에 날개를 달았다. 청진기와 산소포화측정기 그리고 소형 초음파기를 회진 가방에 넣고 다니면, 웬만한 진단과 검사는 그 자리에서 할 수 있었다. 특히 늑막염이 있지만 흉강에 유착이 있어 일부에만 흉막액이 고여 있는 경우 초음파를 보면서 그 자리에서 바로 천자를 할 수 있어 좋았다. 이런 환자들 가운데 엑스레이와 타진 소견에 따라 천자를 했는데 아무것도 나오지 않는 경우가 종종 있다. 이럴 때 초음파기가 있으면 문제가 쉽게 해결되었다. 초음파기로 스캔해 바늘로 찌를 장소를 정하고 바늘이 들어갈 각도와 깊이를 정해 찌르면 어김없이 흉막액이 천자되었다. 흡입하는 주사기 안으로 흉막액이 고이면 지켜보던 수련의와 의대생들은 "아~" 하고 탄성을 지른다. 수련의들은 다른 시니어 의사들과 회진을 해도 앞으로 어떻게 치료를 해야 하는지 불분명한 경우가 많은데 나와 회진하면 확실한 치료 방향이 잡힌다며 좋아했다.

　내과 병동에 입원한 결핵환자들은 대부분 에이즈 환자다. 에이즈 환자들의 가장 흔한 사망 원인이 결핵이다. 이들은 올바른 치료 결정이 하루이틀 미루어지면 사망할 가능성이 그만큼 높아진다. 하루라도 빨리 결핵 치료를 시작하는 데 아이룩이 큰 도움을 주었다. 아이룩을 사용한 2~3년 동안 순수하게 이 기기의 도움으로 생명을 건진 환자가 족히 100명은 될 것 같다. 이처럼 지대한 역할을 하던 아이룩이 사용한 지 1년이 되자 문제가 생겼다. 전원 버튼을 눌러도 켜지지 않았다. 물라고 병원의 전기 엔지니어에게 보였으나 고칠 수 없었다. 소노사이트에 연락해보니 마더보드가 고장 난 것 같다며 미국으로 보내서 서비스를 받아야 한다고 했다. 미국으로 보내는 비용도 만만치 않고 수리비도 부담이 되던 차에 미국 예일 대학교 의료팀이 우간다에 왔다. 이란 출신으로 예일 대학교 교수로 일하는 마지드가 같은 이란 출신으로 예일 대학교 병원 호흡기내과에서 일하는 네긴 하지자데를 데리고 왔다. 전에도 물라고 병원에 와서 일한 미국 의사가 더러 있었지만 네긴처럼 열심히 환자들을 치료하고 우간다 동료들과 잘 지내는 사람은 처음이었다. 네긴이 우간다에서 일을 마치고 미국으로 돌아갈 때 아이룩을 들고 갔다. 네긴이 소노사이트로 초음파기를 보내니 그곳에서 마더보드를 무료로 교환해주었다. 네긴은 그다음 예일 대학교 의료팀이 물라고 병원으로 오는 편에 아이룩을 보내왔다. 다시 회진을 제대로 할 수 있게 되었다.

아이들을 케냐로
떠나보내다

우간다에도 국제학교가 몇 개 있다. 1990년대에는 링컨 스쿨이 유일하게 제대로 된 국제학교였다. 시내 중심에 있던 이 학교는 캄팔라 외곽으로 이사하면서 이름을 우간다국제학교로 고쳤고, 수영장과 체육 시설을 갖춘 훌륭한 캠퍼스가 되었다. 하지만 수업료가 너무 올라 주로 외교관 자녀들이 다니는 학교가 되었다. 아가칸스쿨은 무슬림이 시작한 국제학교인데 시내에 있지만 너무 저지대에 있어서 공기가 좋지 않다. 헤리티지국제학교는 우간다국제학교에 비해 저렴하지만 신생 학교라 학생 수가 많지 않았다. 특히 고등학생 학급에는 학생이 거의 없었다. 우리 애들은 헤리티지국제학교에서 초등학교 과정을 마쳤다. 이 학교에서 초등학교를 마친 애들의 상당 부분이 케냐 키자베에 있는 RVA(Rift Valley Academy)로 전학을 갔다. 키자베는 케냐의 수도 나이로비에서 차로 한 시간 거리에 있는 작은 도시인데 동부 아프리카 지구대(Rift Valley)에 위치해 있다.

우리 애들도 중고등학교는 RVA로 가게 되었다. RVA는 미국인 찰스 힐버트가 1906년 설립했는데 학교가 시작된 지 3년 후 당시 미국 대통령인 루즈벨트가 이 학교를 방문해 학교의 본채인 키암보고의 머릿돌을 놓았다고 한다. 이 학교는 2003년, 2013년, 2014년 세 차례에 거쳐 아프리카에서 두 번째로 좋은 고등학교로 평가되었다. AIM이라는 선교 단체에서 운영하고 있어서 시스템이 잘 잡혀 있다. 케냐의 치안이 전반적으로 좋지 않지만 이 학교는 작은 미국이라고 할 만하게 정리가 잘 되어 있다. 교과 과정은 미국식으로 12학년까지 있다(우간다국제학교는 13학년까지 있다). 기숙사에는 '기숙사 부모'가 있어 학생들을 돌봐주는데 이들과 선생님이 모두 선교사라서 학생을 대하는 태도가 신실하다. 한번은 한국 아이 하나가 기숙사에서 경련 발작을 일으켰다. 주로 청소년기에 일어날 수 있는 드문 질환이었는데 학교 측에서는 이 아이를 위해 미국 간호사를 '기숙사 엄마'로 일하게 해 그 아이의 모든 병력을 상세히 기록하고 치료해 방학 때 그 기록을 아이 부모님에게 보냈다. 아이 부모들은 크게 감동했다.

　　기숙사 생활을 해야 하기 때문에 우리 큰애처럼 성격이 예민한 여자애들은 적응을 힘들어 하는 경우도 있지만, 남자애들은 대부분 잘 지낸다. 어릴 때부터 부모님을 떠나 다른 사람과 생활을 해보기 때문에 독립심도 기를 수 있다. 어릴 때부터 해온 단체 생활에 익숙하기 때문에 이 학교 출신 한국 아이들은 미국이나 다른 곳에 가서 대학 생활을 할 때 적응을 잘한다. 단점은 부모가 아이들을 자주 볼 수 없다는 것이다. 학교 시스템이 1년에 세 번 방학하는 방식이기 때문에 아이들은 1년에 세 번 집으로 올 수 있다. 짧은 중간 방학도 있는데 이 기간에는 주로 부모들이 케냐에 가서 아이들과 주말을 보내고 온다. 나는 중간 방학 때 케냐에 갈 수 없기 때문에 아내가 아이들에게 먹일 음식을 준비해서 버스를 타고 다녀오곤 했다.

　　그런데 케냐의 치안이 점점 더 나빠지면서 학교 근방에 강도들이 출몰하게 되었다. 학교를 오고 가는 사람들이 강도당하는 일이 자꾸 발생하자 학교에서는 학생들이 무조건 날이 어두워지기 전에 학교로 들어오도록 방침을 정했고 우간다에서 출발하는 학생과 학부모들은 더 이상 버스를 이용할 수 없게 되었다. 캄팔라에서 키자베까지는 800킬로미터가 채 되지 않지만 국경을 통과하는 데 시간이 많이 걸린다. 이 때문에 새벽에 캄팔라에서 출발하더라도 중간에 무슨 일이라도 생기면 어둡기 전에 학교에 들어갈 수 없기에 버스 이용을 금지한 것이다. 다른 방법은 부모가 직접 차를 운전하면서 가는 중간에 하루 쉬어가든지, 비행기를 이용하는 것이다. 학부모들은 주로 비행기를 이용하게 되었다. 이 때문에 방학이나 개학이 가까워오면 우간다에 있는 아이들과 학부모들은 엔테베 공항에서 만남과 헤어짐을 나누어야 했다. 아이들이 돌아올 때는 누구나 얼굴에 기대와 미소가 가득하지만 학교로 돌아갈 때는 표정이 덤덤한 얼굴부터 울기 일보 직전의 얼굴까지 다양했다. 아이들이 떠날 때면 공항 3층에 있는 로비에 올라가 음료수를 사마시며 기다리다가 아이들이 탄 비행기가 이륙하는 것을 보고서야 집으로 가곤했다. 언제나 아이들과 이별하는 것은 힘들었다.

엔테베 공항에서 아이들이 비행기를 타러 가는 중. 학부모들은 비행기가 이륙하는 것을 보고서야 발길을 돌렸다.

용서는 겁쟁이가
사용하는 단어?

2005년 10월에 남아공에서 사망한 밀턴 오보테의 시신이 우간다로 옮겨져 국장이 거행되었다. 우간다 사람들은 고향에 묻히는 것을 중요하게 생각한다. 이 때문에 집안이나 부족 행사에 자주 불참하는 사람에게 부족장이 고향에 묻힐 생각을 하지 말라는 편지를 보내면 그 사람은 두려움에 떤다. 몇 년 전에 사우디아라비아에서 사망한 이디 아민은 고향에 돌아오지 못했지만 오보테는 고향에 묻혔다.

우간다 바깥에 있는 사람들은 오보테를 잘 모른다. 하지만 우간다 사람들에게 그는 잊을 수 없는 사람이다. 그는 우간다 북부 출신으로 우간다가 영국에서 독립한 후 첫 수상을 지냈다. 그 후 우간다 대통령으로 두 차례(1966~1971년, 1980~1985년) 역임했다. 그 두 번째 재임 기간에 무세베니와의 수풀 전쟁(Bush war)에서 수많은 사람을 학살했다. 우간다 사람들은 이디 아민이 학살한 수보다 오보테가 죽인 사람이 더 많다고 한다. 실제로 국제사면위원회는 오보테 재임 기간 적어도 30만 명이 살해당한 것으로 추정한다. 특히 우간다 중부의 루웨로 삼각지 지방의 피해가 컸다.

오보테가 무세베니의 가장 큰 정적이었고 그로 인해 많은 사람이 사망했기에 우간다인들은 오보테의 장례식이 우간다에서 거행되지 못할 것으로 생각했는데, 의외로 캄팔라에서 국장으로 치러졌고, 장례식에는 무세베니 대통령도 참석했다. 루웨로 삼각지 학살에서 살아남은 우간다인들은 이 장례식을 비난했지만,

대체로 대통령이 국민 통합을 위해 큰 결단을 내린 것으로 치하
되었다. 오보테의 사망이 있기 전 우간다 성공회의 대주교 취임식
에 참석한 무세베니는 자신도 다른 아프리카인들처럼 용서라는
단어는 겁쟁이들이 사용하는 단어라고 생각했는데 예수가 용서
에 대해 가르쳐주었다고 연설한 것을 들은 적이 있다. 그가 용서
하는 자세를 보인 것은 무척 고무적이었다.

음바라라 대학교에서
느낀 점

음바라라 대학교는 무세베니 대통령의 고향인 음바라라에 1989년에 세워진 과학기술대학이다. 정식 이름은 음바라라 과학 기술대학교(MUST)이지만 일반적으로 음바라라 대학교라고 불린 다. 이 대학에도 의대가 있다. 우간다에서 두 번째로 설립된 의대 인데 처음에는 부족했으나 시간이 흐르면서 점차 자리를 잡았다. 이 대학도 마케레레 대학교처럼 영국 시스템을 채택하고 있어 졸 업시험에는 반드시 외부시험관이 필요하다. 마케레레 대학교는 주로 국외에서 교수들이 외부시험관으로 오는데 음바라라 대학 교에는 주로 마케레레 교수들이 외부시험관으로 간다.

우간다와 쿠바가 맺은 협정에 의해 제법 많은 쿠바 의사가 음바라라 대학병원에서 일하고 있었다. 내가 처음 음바라라 대학 교에 외부시험관으로 갔을 때도 나이가 꽤 들어 보이는 쿠바인 로베르토 교수가 내과 과장으로 있었다. 그는 영어가 미숙했다. 연로한 상태에서 언어가 불편한 외국에서 일하려니 상당히 피곤 했을 것이다. 2년 후에 그 대학에 가니 그 과장은 떠나고 미국인 래리 페퍼가 과를 맡고 있었다.

2005년에는 그 대학 내과 대학원생 한 명의 논문 지도 교 수 겸 내과 외부시험관으로 대학원생 시험에 참여했다. 그는 지시 받은 것들을 잘 이행하지 않았다가 논문 심사에서 탈락했다. 다 음 해가 되어서야 논문 심사에서 통과할 수 있었다. 그다음 해에 는 다른 대학원생의 논문 지도 교수로 논문 심사와 대학원생들 시험에 참여했다. 그는 대학생 시절부터 제자로 내가 논문 주제를

음바라라 대학에 외부시험관으로 갔을 때.

정해주었다. 그는 착실하게 준비해 바로 논문 심사를 통과할 수 있었다. 그는 나를 많이 따라, 나처럼 호흡기 전문의가 되기를 원했는데 음바라라 대학교에서는 그가 암 전문가가 되기를 바랐다. 그래서 그는 미국 시애틀에 있는 워싱턴 대학교로 가서 공부한 후 지금은 우간다 암센터에서 일하고 있다.

　마지막으로 음바라라 대학교를 들렀을 때는 영국에서 온 토니 윌슨이 주임교수로 있었다. 뉴질랜드 출생인 그는 영국에서 신경학 교수로 활동하다가 은퇴 후 우간다로 왔다. 임상 시험은 항상 두 명의 시험관이 짝을 지어 학생들을 테스트한다. 그는 나와 함께 대학생들을 테스트했는데 내가 학생들을 테스트하는 방법에 매력을 느껴 그 후 그는 내가 쓴 방법을 시험에 이용했다. 나도 그가 학생들에게 묻는 질문들을 통해 신경학에 대해 많이 배울 수 있었다.

　음바라라 의대에 갈 때마다 생각나는 게 있었다. 대학에서 제공하는 유니버시티 인(Univesity Inn)에 묵었는데 이곳은 대학에서 멀지 않은 곳에 있어 다니기 편리하고 더운 물도 사용할 수 있었다. 그런데 여긴 어떤 방을 배정받느냐에 따라 밤의 운명이 바뀐다. 어떤 방은 잘 정리되어 있고 물도 잘 나오고 모기장도 멀쩡하다. 하지만 어떤 방은 더운 물도 나오지 않고 모기장에 구멍도 있다. 묶여 있었을 때는 몰랐는데 자려고 모기장을 풀어보면 곳곳에 구멍이 뚫려 있었다.

한 번은 나쁜 방을 배정받아 구멍 뚫린 모기장을 대충 옷으로 막고 모기가 똑똑하지 않기를 바라고 잠이 들었다. 다음 날 아침 일어나 보니 모기장 안에 배가 통통한 모기가 한 마리 있었다. 그 구멍 뚫린 모기장을 보면서 불현듯 우리의 삶도 마찬가지 아닌가 하는 생각이 들었다. 95퍼센트의 삶이 좋다고 해도 5퍼센트의 삶에 구멍이 있으면 이 모기장처럼 볼품없는 것이 아닐까?

영연방 정상회의가 열리다

2년마다 열리는, 영국과 영국의 식민 지배를 받았던 53개국으로 구성된 영연방 정상회의가 2007년 11월 캄팔라에서 열렸다. 이번에는 48개국 정상들이 회의에 참석했는데, 귀빈들을 맞이하기 위한 준비가 2005년부터 활발해졌다. 도시 미화 작업의 일환으로 도로 포장을 새로 하고 도로 중앙에 화단을 만들었다. 이로 인해 공항부터 캄팔라까지 오는 엔테베로드가 깨끗하게 정비되었다.

많은 손님을 맞기에 턱없이 모자라는 숙박 시설을 늘리기 위해 정부에서 호텔 짓기를 장려했다. 건축 예산을 지원해서 캄팔라와 엔테베에 많은 호텔이 들어서게 되었다. 하지만 정부에서 지급한 보조금의 지급 기준 때문에 말썽이 생기기도 했고, 정상회담이 시작되기 전에 공사를 완공하려고 급히 호텔을 건축하려다가 건물이 무너져 많은 사상자가 발생하기도 했다.

정상회의 기간 동안 약 4000명의 방문객이 찾아왔는데, 16명의 총리와 20명의 대통령 그리고 영국 여왕 부부 및 찰스 황태자 부부도 왔었다. 이 때문에 캄팔라 거리는 치안이 강화되어 도로가 자주 막혔다. 캄팔라 북쪽을 우회하는 도로는 완공되지 않은 상태에서 회의 기간 임시로 열리기도 했지만 전반적으로 교통이 많이 불편했다. 어쨌든 큰 국제 행사를 개최하면서 수도의 모습이 일신되었다. 1990년대 초반에는 캄팔라 중심가를 걸어도 외국인을 보기가 쉽지 않았으나 이 무렵을 전후해 외국인이 급증했다. 🦤

열악한 일상에서
발견한 행복

코이카 정파의 제도가
폐지되다

2007년 1월 초에 갑자기 주케냐 한국대사관에서 전화가 왔다. 정파의 제도가 폐지되었다고 했다. 파견 10년째부터 언젠가는 이런 일이 생길 것 같은 느낌이 있었다. 하지만 이런 중요한 제도 변화에 대해 코이카에서 어떤 언질도 받지 못했다. 코이카 총재가 바뀌면 당연히 제도도 바뀔 수 있지만 당사자들과의 소통이 없었던 것이 안타까웠다. 당시 정파의는 열 명가량이었는데 한두 분이 아시아에서 봉사하고 계셨고, 다른 분들은 아프리카에서 봉사하고 계셨다. 메일을 통해 서로의 안부를 주고받곤 했는데 정파의 제도 폐지 소식을 들었는지 다른 분들에게 물어보니 아무도 이 사실을 알지 못했다. 아마도 정파의들의 반발을 우려했으리라.

정파의 선생님들 가운데는 65세까지 임지에 있을 것으로 생각하고 불과 몇 년 전에 한국에 있는 집을 처분하고 아프리카로 나온 분도 계셨다. 한국에서 필요할 때는 정파의 모집을 위해 정파의들을 모델로 사진을 찍어 신문에도 구인 광고를 냈고, 정파의들에게 괜찮은 사람들을 정파의가 되도록 초청해달라고도 했다. 그런데 갑자기 정파의 제도가 없어진다니 당황스러웠다. 언론을 통해 항의하고 청와대에 민원을 넣자며 강력하게 반발을 하자는 그룹과 아프리카에서 봉사하기 위해 코이카와 손을 잡았는데 코이카 정책이 그렇다면 어쩔 수 없다는 그룹으로 갈라졌다. 결국 우리 모두 조용히 떠나기로 결정했다. 나를 제외한 다른 분들은 모두 한국으로 귀국하셨다.

우간다에 남기로 한 나는 이곳저곳에 자리를 알아보았다. 우간다 현지에서 받는 급여로는 아이들 교육을 시키기도 힘들었지만 내가 있어야 할 자리를 두고 떠날 수는 없었다. 당시 물라고 병원장은 같은 내과 병동에서 근무했던 동료였다. 그는 일자리를 줄 테니 계속 병원에서 진료해달라고 했다. 차도 마련해줄 수 있다고 했다. 하지만 코이카 계약 종료일이 가까워지면서 우간다 보건부에 구직 신청을 했을 때 그는 자신의 말을 지키지 않았다. 보건부에서는 물라고 병원 예산으로 일하면 되니까 병원장만 동의하면 된다고 했으나, 병원장은 물라고 병원이 아니라 우간다 보건부에서 나를 고용해야 한다고 했다. 자기 수입이 줄어드는 것을 원치 않았던 것 같다. 하지만 병동에서 함께 일하던 제자 윌리엄이 열심히 뛰어다니며 나를 챙겨주었다. 그는 보건부와 우간다에서 공무원 채용과 업무를 담당하는 관청인 공공서비스부에서 진행 상황을 파악하며 관련 서류를 챙겼다. 하지만 역시 진도가 잘 나가지 않았다.

흔히 말하는 대로 우간다에서는 되는 것도 없고 되지 않는 것도 없다. 정공법으로는 일이 진행되지 않기 때문에 기름칠이 요구된다. 대부분의 정부 사무실에서 벌어지는 일이다. 공무원들은 서류를 제출한 사람들에게 서류가 없어졌다고 한다. 하지만 의뢰인이 기름을 치면 없어졌던 서류가 다시 등장한다. 공공서비스부에서도 몇 번이나 없어졌다가 수개월 만에 서류가 의료인을 채용하는 기관인 우간다보건위원회로 넘어갔다. 하지만 그곳에서도 서류가 몇 년을 머물다가 흐지부지되었다. 당시 우간다 신문에는 우간다 의사들이 자기 나라를 떠나 더 푸른 초장으로 가기 때문에 의사 부족이 심각하다고 한탄하는 기사가 실렸다. 하지만 그들에게 능력을 인정받은 외국 의사가 일을 해주고자 해도 진행이 되지 않는 나라에서 그런 일이 일어나는 것은 어쩔 수 없는 일이다.

나는 국제적인 제약회사인 화이자가 지원하고 미국의 연

구 단체와 마케레레 대학교가 함께 세운 전염병 연구소인 IDI (Infectious Disease Institute)에도 지원했다. IDI는 물라고 병원 안에 세워졌는데 환자도 진료한다. 외국 자본이 함께하는 기관이기 때문에 여러 우간다 의사들이 관심을 많이 가졌지만, 결국은 마케레레 대학교에 있는 바간다족 의사들이 주도권을 쥐게 되었고, 바간다족이 아닌 의사들은 관망하는 형편이었다. 그 기관에서 연구 담당자를 구한다는 공고가 났다. 우간다 친구의 소개로 IDI 소장을 만난 후 지원했다. 하지만 그때까지 한 번도 개인적으로 구직 서류를 만들어본 적이 없어서 필요한 서류도 다 챙기지 못했는데, 내 의사를 밝혔으니 그쪽에서 필요한 서류를 가져오라는 연락이 올 줄 알았다. 하지만 그런 식으로 진행이 되지 않았고 서류 미비로 그 자리를 얻지 못했다.

결국 마케레레 대학교에 시간강사로 자리를 얻었다. 이것도 시간이 많이 걸렸다. 무료로 환자를 진료하며 강의를 했다. 시간 강사는 수업 제한이 있었다. 한 달에 20시간 내에서 한 강의만 인정되었다. 내가 가르친 시간보다 훨씬 적게 수당을 신청할 수밖에 없었다. 마케레레 대학교도 역시 정부 기관이었다. 역사가 그렇게 오래된 대학이지만 제대로 돌아가지 않았다. 제출한 서류가 없어지기도 하고, 서류 진행에 시간이 많이 걸렸다. 시간강사가 된 지 6개월이 지나서야 계좌를 알려달라고 했다. 은행으로 수당을 송금하겠다고 했지만 한 번도 송금되지 않았다. 대학 회계 담당자를 찾아가면 자리에 없는 경우가 태반이고, 담당자를 만나면 무엇이 누락되었다며 곧 송금하겠다고 말은 쉽게 하지만 실천이 되지 않았다. 일정한 수입 없이 아프리카에서 버티는 것이 쉽지 않았다. 그런 시기에 한국 친구에게 전화가 왔다. 안양에서 개원의로 일하고 있는 대학 시절에 가장 친했던 친구였다. 바쁜 대학 시절에도 나를 많이 도와주었던 고마운 친구였다. 당시 내 마음이 좀 힘들었던 모양이다. 친구의 목소리를 들으니 눈에 눈물이 고였다. 이런 친구들에게 물심양면으로 도움을 받았다.

제자들이 잘 자라나주어 힘든 시기에 큰 위로가 되었다.

무엇보다도 제자들이 잘 자라나주어 고마웠다. 그 무렵에 시내 중심지를 벗어나 참보고 지역으로 이사를 했는데 참보고 대학교의 학생들과 좋은 시간을 가질 수 있었다. 그들 가운데에는 부패한 사회를 사랑과 섬김으로 바꾸고자 장래 방향을 정한 사람들도 생겼다. 마케레레 대학교 제자 중에서는 부정부패에 타협하지 않고 정도를 걸어 직장 분위기를 바꾼 사람들도 생겼다. 내과 의사가 된 넬슨이라는 제자는 결혼해서 아들이 생기면 내 이름을 따서 아들의 이름을 짓겠다고 했다. 그는 아들이 생기자 내 영어 이름을 따라 아들 이름을 사무엘이라고 지어 약속을 지켰다. 이런 것들이 힘든 생활 가운데서 기쁨과 감사를 더해주었다.

주술 신앙에
빠진 사람들

가까이 지내는 우간다 친구 집에 딸이 태어났는데, 태어난
지 얼마 되지 않아 귀를 뚫어 귀걸이를 달아주었다. 너무 일찍 한
것 같아 왜 그렇게 했는지 물어보았다. 우간다에 만연한 주술신
앙 때문이라고 했다. 우간다의 가장 큰 종교는 가톨릭이고 다음
으로 기독교, 이슬람교 순이다. 대다수가 이 세 종교 중 하나에 속
해 있다. 그러나 이면에는 토속적인 주술신앙이 숨어 있다. 특히
사업을 하는 사람들 가운데 주술에 빠져 있는 사람이 많다. 도시
에 있을 때는 성당이나 교회에 나가지만, 시골에 가면 주술사를
찾아 온갖 해괴한 일을 저지른다. 그중 하나가 어린아이를 제물로
삼는 것이다. 이것을 '아동 제사(child sacrifice)'라고 부른다. 때로
는 큰 건물을 건축할 때 어린아이를 시멘트와 함께 묻어버리기도
한다. 이런 만행들이 우간다 신문에 대대적으로 보도되기도 했
다. 그래서 어린아이가 실종되면 돈을 요구하는 유괴범이 아니라
주술사들이 범인일 가능성이 높다. 주술사들은 신체가 손상되지
않은 어린이를 원한다. 이 때문에 우간다에서는 남아가 태어나면
포경수술을, 여아가 태어나면 귀를 뚫어 귀걸이를 달아 몸에 상
처를 내는 경우가 많은 것이다.

이와 관련해서 2010년 우간다의 최대 일간지인 〈뉴비전〉에
충격적인 내용이 보도되었다. 시골 마을에서 아버지가 18개월 된
아들을 살해하고 주술사 집에 매장한 사건이었다. 그 아이의 어
머니가 실종 신고를 했다. 곧 경찰이 매장된 시신을 발견하고 아
버지와 주술사를 체포했다. 아들을 살해한 남자는 '전기 감전으

로 죽었다(그 집에는 전기가 들어오지 않았다)', '말을 듣지 않아 체벌을 하다가 죽었다'는 등 횡설수설했지만 부검 결과 질식사로 밝혀졌다. 아이의 생식기가 사라져 있어 주술에 이용된 것이 틀림없었다.

테니스를 치다 걸린
오십견

　　캄팔라 외곽에 위치한 챰보고 지역으로 이사하면서 수영장이 있는 호텔까지 거리가 멀어져 더 이상 수영하러 다니기 힘들었다. 그 무렵 미국 시카고에서 우간다로 오신 소아과 정요셉 선생님이 테니스 바람을 일으켰다. 요추 디스크가 완쾌된 나도 테니스를 치는 데 동참했다. 다른 베데스다 클리닉의 의사들과 함께 테니스를 쳤다.

　　수영은 혼자 하는 운동이지만 구기 종목은 여러 명이 하니 더 좋은 것 같다. 특히 마음이 맞는 사람들과 함께하는 운동은 이점이 많았다. 함께 웃으며 운동하는 가운데 스트레스도 풀리고 체력도 좋아졌다. 나이가 들면서 시작된 불면증에도 도움이 됐다. 하지만 무리하다가 다칠 수 있다는 것을 유의해야 한다. 이 평범한 것을 난 항상 사후에 알게 될까? 늦게 시작한 테니스에 재미를 붙여 집에서 서비스 연습을 하다가 넘어져 다치게 되었다. 외상으로 인한 오십견이 시작되었다. 오십견에 동반되는 통증이 그렇게 심한 줄 몰랐다. 밤에 잠을 이룰 수 없는 통증이었다. 방글라데시에 있는 정형외사 정 선생님과 연락이 되어 스테로이드 제제를 투약한 후에야 통증이 잡혔다.

코이카 중장기 자문단에
선발되다

　방글라데시에 계신 정 선생님을 통해 코이카에 중장기 자
문단이라는 제도가 생겼고 보건·의료 쪽으로 우간다에 자리가
난 것을 알게 되었다. 인터넷을 통해 사이트에 들어가보니 우간
다에 의료·보건 쪽으로 세 자리가 공고되어 있었다. 그중 보건부
에서 모집하는 의료 정책 쪽은 나와는 맞지 않았고, HTC(Health
Tutors' College)에서 강의를 하는 자리가 적당해보였다. HTC는
간호사, 조산사, 임상병리사 등이 교수 요원이 되기 위해 교육을
받는 기관이다. 그 자리에 지원하려고 알아보니 지원 자격 메뉴
에 간호사, 임상병리사, 방사선사 등은 있었으나 의사는 없었다.
뒤늦게 의사도 포함되어 지원할 수 있었다.

　일차 서류 심사에 통과되어 인터뷰를 하기 위해 고국을 다
시 방문하게 되었다. 인터뷰 장소는 서울 양재동 사무실로 정파
의 시절 국내 연수 교육 시 숙소로 사용한 적이 있는 훈련 센터여
서 익숙한 곳이었다. 먼저 인성 시험을 치기 위해 큰 강의실에 모
였는데, 모인 분들 가운데 내가 가장 젊어보였다. 인터뷰를 통과
한 후 신체검사를 거쳤고 파견 전 국내 교육을 받았다. 여러 가
지로 유익한 교육이었는데 특히 정부개발원조(ODA)에 대해 많은
것을 배울 수 있었다. 코이카와는 정파의 제도가 폐지되어 결별
한 후 3년 만에 다시 함께 일하게 되었다. 정파의 교육을 받았던
1992년의 코이카는 없었다. 모든 면에서 잘 조직되었고, 전문성
과 사명감 있는 직원들이 많았다.

　우간다에 돌아와 HTC를 찾아갔다. HTC는 보건부에 속한

물라고 병원 부지에 있지만, 이 대학은 교육부에 속해 있다. 2010년부터 보건부 산하에 있던 모든 교육 기관들이 교육부로 이전되면서 이곳도 교육부 소속이 되었다고 한다. 이 학교의 교장과 교감뿐 아니라 교원으로 있는 전임 강사도 모두 간호사였다. 이들은 한국에서 간호사가 파견되어 올 것을 예상하고 있었는데 의사가 오니 부담스러워하는 눈치가 역력했다. 보통 의사들은 간호사를 약간 무시하는 경향이 있는데, 나는 겸손한 태도를 유지해서 그들의 부담을 줄여줄 수 있었다. 그 학교에서 근무하는 동안 교장은 유 박사는 다른 의사와 다르다며 고마워했다.

이곳에서 1년간 근무했는데 첫 학기에는 리서치 방법과 컴퓨터 사용법에 대해 강의해달라고 했다. 전공인 내과나 그와 관련된 생리학을 강의할 것으로 예상했었는데 엉뚱한 과목을 강의하게 되었다. 리서치 방법에 대해서는 그동안 논문을 쓰면서 습득한 단편적인 지식을 체계화하는 공부가 필요했으나, 컴퓨터에 대해서는 가장 기본적인 사용법을 가르치는 것이어서 1989년부터 컴퓨터를 활용하던 내게 전혀 부담이 되지 않았다. 이 과목들은 각각 2학점이고 필수 과목에 속했다. 같은 과목을 1학년생과 2학년생들에게 따로 강의를 하게 되어 강의하는 시간이 많았지만 전혀 부담이 되지 않았다. 이 기간 동안 HTC의 컴퓨터실 설치 책임을 맡아 학교 컴퓨터실을 만들었다. 마침 캄팔라 시내에 인터넷 카페를 하는 한국 분이 있어 그분에게 부탁을 했더니 주문받은 일을 책임감 있게 완료해주었다.

1학기가 끝나고 방학이 되어 현지 강사들은 학교에 거의 나오지 않았지만 나는 매일 학교에 출근해 자리를 지켰다. 방학이 끝나고 시작된 2학기에는 내과가 커리큘럼에 들어 있어 좋았다. 내과 강의는 학생들이 많은 정보를 얻을 수 있도록 힘썼다. 이들이 선생이 될 것이기 때문에 인쇄된 강의 자료뿐 아니라 가르칠 때 활용할 수 있도록 내가 만든 파워포인트 파일도 주었다. 강의 준비할 것이 많았지만, 환자 진료를 하지 않으니 응급 상황도 없

HTC에서 강의하는 중.

었고 주말을 사용할 여유가 생겼다. 논문을 써야 하는 졸업생들이 제대로 된 논문을 쓸 수 있도록 도와줄 수 있었다. 논문에 관해 의논할 것이 있으면 언제든지 내 방을 찾아오라고 했다. 많은 학생이 찾아와 논문 재료를 의논했다. 졸업생들이 교육 기관의 강사들이 될 것이기 때문에 논문을 발간한 실적이 있으면 취직이나 승진에 도움이 될 것 같아 이들의 졸업 논문 중 좋은 논문을 게재할 수 있는 기관 저널을 만들어주고 싶었다. 코이카 중장기 자문단들에게 현지 활동비가 지급되고 있어서 이 활동비로 발간 자금을 충당할 수 있었다. 내가 저널의 주필이 되어 논문을 심사하고 교정해주었다. 첫 해에는 그 학교에서 강사로 일하는 사람들의 논문을 싣기로 했는데 이들의 논문을 읽어보니 제대로 쓴 것이 거의 없었다. 한 사람씩 불러 논문을 교정했다. 이들은 대학원 논문을 쓸 때 지도교수들이 거의 도와주지 않았는데 나를 통해 비로소 논문을 어떻게 쓰는지 배우게 되었다며 고마워했다. 이들의 논문과 내가 여러 학회지에 게재한 논문 중 주요 저자로 된 것을 학회지의 동의를 받아 그 논문 요약본들을 저널에 함께 게재했다. 저널 이름은 학교 이름을 따서 〈HTC 저널〉이라고 했고 창간호는 마케레레 대학교 인쇄소에서 출판했다. HTC 교장 이하 강사들이 모두 감사를 표했고, 학교 행사에 초대한 정부 관리들에게 학교 기관 저널이 창간되었다고 자랑했다.

학교 관계자들은 내가 그 기관에 있어주기를 바랐다. 하지만 나에겐 그곳에 있기보다는 병원에서 진료하며 의대생을 가르치는 것이 최선이었다. 더군다나 이곳에는 내가 결정적으로 싫어하는 것이 있었다. 학교 회의 시간이었다. 회의 시간은 정해져 있었지만, 한 번도 제시간에 열린 적이 없었다. 항상 학교장 사정에 따라 늦어지거나 다음 날로 연기되기 일쑤였다. 학교장이 출타 중이거나 바쁘면 교감이 회의를 주재해도 되는데 학교장은 항상 자신이 회의를 진행하려고 했다. 이뿐만 아니라 회의가 연기되어도 이 사실을 1층에 거하는 교직원들은 아는데, 2층에 거하는 나에게는 연락이 오지 않았다. 회의실에 갔다가 아무도 없는 것을 보고 뒤늦게 회의가 연기된 것을 알게 되는 경우가 적지 않았다. 그곳에서 학생들을 가르치며 학자로서 눈을 뜨게 돕는 것은 보람 있었으나 엉망인 회의 시간이 내 마음을 떠나게 했다. 이곳에서 1년 있는 동안 담장 안에 같이 있는 물라고 병원 직원들을 자주 만나게 되었는데 당시 물라고 병원장이었던 제자도 함께 일해달라고 요청했다. 코이카에 동의를 구해야 한다고 하니 병원장은 당장 코이카에 편지를 썼다. 이 요구에 적극적으로 반응한 코이카의 협조로 마케레레 대학교와 물라고 병원으로 다시 옮겨올수 있었다.

2012년 물라고 병원으로 돌아오니 모두가 반가워했다. 특히 호흡기 내과 분과장으로 있는 윌리엄은 나의 귀환을 더욱 반겨주었다. 그는 보건부에 소속되어 있었고 우간다 각지에서 열리는 보건부 세미나에 자주 강사로 참석해야 했다. 이 때문에 학생 교육과 환자 진료에 공백이 생겼는데, 내가 오면서 운신의 폭이

넓어졌을 뿐 아니라 자문을 구할 사람도 생겼으니 든든해했다. 우
간다 의사 대다수는 잘 모르는 것도 아는 척하는 경우가 많은데,
윌리엄은 모르는 것은 모른다고 솔직히 시인하고 배우고자 하는
신실한 제자다.

이 기간 동안 기억에 남는 환자는 우간다 서부 지역인 부쉐
니에서 온 레네라는 20대 초반의 간호 학생이었다. 그는 발열과
객혈 때문에 고향에서 항생제와 결핵 치료를 시작했으나, 호전 없
이 증상이 악화되어 물라고 병원으로 후송되어온 환자였다. 그
는 날마다 악화되기만 하는 자신의 상태에 절망해 있었다. 회진
을 하면서 병의 원인을 찾을 수 있다는 확신을 주니 눈빛이 달려
졌다. 그는 아프리카에서는 한 번도 보고된 적이 없는 특이한 진
균 감염을 앓고 있었는데 다행히 기관지경 검사로 확진이 되었다.
치료 약제가 비싸 부담스러워 해 진균 제제를 사주고 치료를 무
사히 마쳤다. 그와 그의 가족들 모두 고마워했고 퇴원 후에도 감
사 문자를 자주 보내왔다. 그리고 증상의 변화가 생길 때마다 전
화로 문의해왔다.

의대생과 대학원생들을 다시 가르치는 것도 커다란 기쁨이
었다. 3년 떠나 있는 동안 교육 프로그램이 많이 바뀌어 있었다.
아프리카에서 미국의 영향력이 커지면서, 마케레레 대학교도 미
국 대학의 영향을 받아 여러 가지 프로그램들을 시험 운행하고
있었다. 강의는 교수가 직접 강의하는 것은 다 없어지고 문제기반
학습(PBL) 또는 소그룹 지도(Tutorial)를 통해 가르쳐야 했다. 마
케레레 대학교에는 학생들에게 필요한 교과서와 참고서가 없어
이런 프로그램들은 현실에 맞지 않았으나 세계적인 흐름에 따르
기 위해 시도하고 있었다. 1990년대 초와는 달리 2000년 후반부
터 의대 졸업생들은 전문의가 되기를 바랐다. 이 때문에 1990년
대 초반에는 대학원 한 학년에 두 명씩이었는데 이제는 한 학년
에 열 명 정도로 늘었다. 학생 수가 늘어나니 시험 기간에 감당
해야 할 부담이 많았다. 3학년까지 모두 30여 명의 대학원생들의

임상 시험을 준비하고 평가하는 것이 큰 부담이었다. 무엇보다도 3학년 학생들의 졸업논문 심사에 많은 시간을 소모하게 했다. 이 때문에 이전에는 매년 외부 시험관을 한 명씩 초빙했는데 이제는 두 명으로 늘어나 있었다.

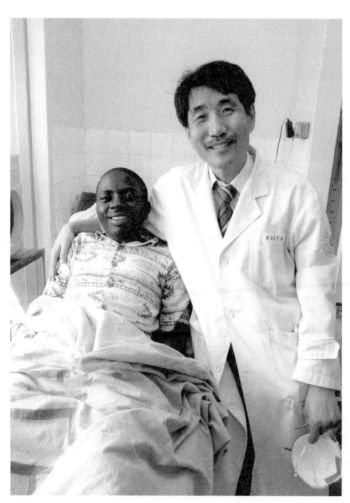

기관지경 검사를 마친 레네와 함께.

기득권의 욕심이 빚은
교통 지옥

우간다는 생산성이 높지 않다. 주요 수출품이 커피, 차, 물고기이고 관광 수입도 케냐나 탄자니아에 비해 낮다. 그런데도 생활수준은 차츰 높아져 갔다. 동료 의사들의 집을 방문해보면 으리으리하게 사는 사람이 대부분이었다. 공식적인 수입으로는 어림도 없는데 어떻게 그렇게 살 수 있는지 의문으로 남아 있다. 다른 의문은 차량의 폭발적인 증가다. 우간다의 기름값은 한국과 큰 차이가 없다. 그런데도 시내 곳곳은 차로 메워져 있다. 중고차 판매상도 계속 늘고 있다. 1990년대 초반에는 출근길에 병원까지 거의 멈추지 않고 갈 수 있었지만 2000년대 들어서는 교통 혼잡이 무척 심해져서 출근 시간이 두 배로 늘어났다. 2010년대에는 출퇴근 시간이 아닌 경우에도 교통 혼잡이 생겼다. 지금은 교통 혼잡을 피하려면 아침 6시 30분에 집에서 나서야 한다. 도로가 부족한데 자동차만 늘어나니 교통 지옥이 될 수밖에 없다. 1990년대 초부터 지금까지 새로 생긴 길은 노던 바이파스라는 캄팔라 북쪽을 연결하는 길이 유일하다.

캄팔라 시민들은 조금만 여유가 되면 차를 산다. 대중교통이 빈약하기 때문이다. 우간다의 대표적인 대중교통 수단은 마따뚜라는 승합차인데 이 차에는 노선 번호판이 없어 어디로 가는지 차장에게 직접 물어보아야 한다. 그리고 이 차들이 시내 중심지에 있는 택시 승강장에서 출발하고 그곳으로 돌아오기 때문에 다른 시내 외곽으로 갈 때 시내에 들어와 다시 차를 갈아타야 하는 불편함이 있다. 더욱 불편한 것은 운행이 불규칙적이라는 것이다. 차에 손님들이 다 차야 출발하기 때문에 승차하고도 한참 기다려야 할 때가 많다. 출퇴근 시간에는 사람이 많아서 차를 타기 힘들고, 승객이 많지 않은 시간에는 운행을 하지 않아 타기 힘들다. 그래서 승용차를 운전하는 이들에게 교통비가 부담이 되지 않느냐고 물어보면 모두가 부담이 된다고 하지만 다른 선택이 없는 것이다. 자가용으로 가면 30분 걸리는 곳을 마따뚜를 이용하면 한 시간 반이나 걸리니 무리를 해서라도 차를 살 수밖에 없다. 이로 인해 교통 혼잡은 더 심해지고, 운전을 제대로 배우지 않거나 운전면허 없이 운전하는 사람들도 많아 질서를 찾아볼 수 없다. 또 캄팔라 시내에는 신호등도 거의 없는데다 운전자들이 서로 양보하지 않기 때문에 차량들이 얽혀 있기 일쑤다.

서로 양보하지 않아 뒤얽힌 교차로.

　문제는 개선의 조짐이 없다는 것이다. 시내버스를 도입해야 한다는 의견은 벌써부터 있었지만 쉽지 않다. 마따뚜를 소유한 사람들 대다수가 정치인이라 이들이 시내버스 도입에 제동을 걸고 있다고 한다. 몇 년 전 시내버스가 운행된 적이 있었지만 모두 사라지고 없다. 기득권들이 트집을 잡아 끝내 버스 운행이 중단된 것이다. 🦤

점점 심해지는
대기오염

우간다 도로는 주로 우기에 많이 파손된다. 비로 인해 도로 이곳저곳에 구멍이 생기고 구멍이 웅덩이가 되고 이로 인해 교통사고가 나기도 한다. 차량이 급격히 늘면서 초보 운전사들이 많은데 한 번은 작은 트럭이 길에 나 있는 웅덩이를 피하려다가 맞은편에서 오는 차와 정면충돌하는 것을 목격하기도 했다. 구멍을 미리 보수하면 좋겠지만 웅덩이가 되어서야 보수하는데 그마저도 제대로 하지 않는다. 웅덩이를 메우기 위해 먼저 그 주위를 사각형으로 파낸 후 그 안을 아스팔트로 채우는데 문제는 사각형으로 파낸 후 바로 메우지 않고 또 1~2주간 방치한다는 것이다. 그러면 처음 잘랐을 때 깨끗했던 모서리가 또 부서져 나가고 웅덩이는 더 커진다. 이때가 되어서야 아스팔트로 메운다. 호미로 막을 것을 항상 가래로 막는 것이다. 내가 어렸을 때 한국에서도 도로 포장을 한 후 하수구 공사, 전기 공사, 전화 공사 등으로 포장을 헐고 다시 포장하곤 했다. 우간다에서는 지금도 그렇게 하고 있다. 도로 포장을 해놓은 후 조금 있다가 포장을 헐고 다른 공사를 하는 것을 자주 본다. 이런 것이 후진국의 특징인 것 같다.

공해도 점점 심각해진다. 대부분 오래된 중고차라 차량에서 매연이 많이 나온다. 특히 캄팔라에는 언덕이 많아 오르막길에서는 앞차에서 내뿜는 매연 때문에 시야가 가려질 때도 많다. 여기에다 각 가정집에서 태우는 쓰레기들, 캄팔라 외곽에 위치한 공장에서 뿜어내는 연기들로 인해 대기오염이 더 심해진다. 물라고 병원에 설치된 쓰레기 소각장의 굴뚝이 충분히 높지 않아 그곳에서 나오는 연기로 인해 병원에 이상한 냄새가 날 때도 많다. 미세먼지를 측정할 수 있다면 그 수치가 만만치 않을 것 같다. 다행히 이곳에는 아직 담배 흡연자가 많지 않아 폐암이나 허혈성 심질환 환자가 많지 않지만 몇 년 후면 이 심각한 공해의 결과가 드러날 것 같다. 공해 때문에 물라고 병원에서 오랫동안 같이 근무했던 독일 의사는 은퇴 후 캄팔라에서 살려는 원래 계획을 접고 독일로 돌아갔다.

의료와 치안이 보장되지 않는
두려움

후진국에서 살아가면 불편한 것이 많이 있지만 그중에 가장 중요한 두 가지를 들라면 치안과 의료다. 치안이 불안한 지역에 살면 항상 강도를 만날 가능성, 목숨을 잃을 가능성을 염두에 두어야 한다. 사업이 잘되어서 돈을 많이 벌더라도 다치거나 목숨을 잃으면 아무 소용 없지 않은가. 또 밤에는 집 안팎에 치안용 등을 사용하니 전기료를 높게 지불해야 하고, 개를 키우면서 생기는 번거로움도 겪어야 한다. 더 큰 문제는 막연한 두려움에 시달리며 스트레스 속에서 살아가야 한다는 것이다. 이런 스트레스를 안고 살다가 한국에 오게 되면 얼마나 마음이 편한지 모른다. 많은 나라를 가보지 못했지만 한국처럼 치안이 좋은 나라도 드물 것이다. 우간다에 살다보니 임무에 충실한 경찰들과 불철주야 국경을 지키는 군인들이 얼마나 감사한 존재인지 새삼스럽게 깊이 깨닫게 됐다.

또 양질의 의료가 제공되지 않으면 항상 불안한 삶을 살아야 한다. 몸이 아파도 믿고 갈 곳이 없고, 병원은 있어도 그 병원에 필요한 장비가 없고 의료진도 믿을 수 없다면? 우간다에서는 아직도 절반 정도의 사람들이 의료 혜택을 받지 못하고 있다. 수도에 사는 사람들의 형편은 우간다 시골보다는 훨씬 좋지만, 다른 발전된 나라에 비한다면 형편없다. 이 때문에 의사인 나도 생사의 기로를 헤매는 딸을 우리 집 안방에서 치료해야 했지 않았는가.

몇 년 전 코이카 직원들이 탄 차가 캄팔라 인근에서 빗길에 뒤집어지는 사고가 있었다. 전화 연락을 받았는데 우간다에서 최고 좋은 병원에 속한다는 나카세로 병원으로 가고 있다고 했다. 내가 먼저 그 병원에 가서 살펴보니 엑스레이 기계가 고장 나서 작동하지 않는 상태였다. 근방에 있는 다른 병원으로 옮겨 진료 받게 했다. 그 사건이 일어난 주에 우간다 북쪽인 소로티에 사시는 한국 목사님이 맹장염 진단을 받고 캄팔라로 오셨다. 마땅히 치료받게 할 병원이 떠오르지 않아 어느 병원으로 데려가야 할지 한참 생각해야 했다.

믿을 수 있는 의료진이 있는 나라에 사는 사람들은 의사, 간호사, 의료 기사들이 병원을 지키고 있는 것이 얼마나 고마운 일인지 알까? 아쉽게도 한국도 그것을 당연하게 여기는 것 같다. 하지만 이런 것은 보이지 않는 곳에서 헌신하는 이들로 인해 열린 열매들이다. 물속에 있다가 물 바깥에 나와서야 공기의 고마움을 알듯, 의료와 치안이 보장되지 않는 곳에서 살아보니 알게 된 고마움이다. 한국으로 휴가를 가면 밤중에 종합병원에 찾아가곤 했다. 밤에도 열심히 일하는 수련의와 간호사들이 얼마나 예쁘게 보이든지. 그들을 바라보기만 해도 마음이 뿌듯했다.

우간다에선
청진기 튜브가 길다

원래 청진기의 튜브의 길이는 20센티미터가 적당하다. 조그마한 소리도 놓치지 않기 위해서는 튜브가 짧을수록 좋지만 진찰하는 사람의 편의를 생각해 그 정도 길이로 되어 있다. 하지만 우간다에서는 청진기가 20센티미터보다 훨씬 길다. 튜브 길이에 대한 감이 없어 구입 당시 상태로 들고 다니는 경우가 많기도 하지만, 다른 이유는 환자들에게서 냄새가 많이 나기 때문이다. 여기서도 사람들은 샤워를 하고 깨끗한 옷을 입고 싶어 하지만, 몸이 크게 아프거나 가난한 사람들은 그렇게 하기 쉽지 않다. 물라고 병원 환자들은 거의 후자에 속한다. 대학병원이라 의대생이나 인턴들이 먼저 환자의 병력을 묻고 진찰한 후 내게 보고를 하는데 그들은 보통 환자의 상태를 'unkempt'라고 표현했다. 사전적으로는 '손질하지 않은, 흐트러진'이란 뜻이지만 여기에서는 환자가 냄새 나고 더럽다는 뜻이다. 이런 환자들에게서는 소변 때문에 코를 찌르는 암모니아 냄새가 나고, 대변 때문에 고약한 냄새가 나는 경우가 많다. 이들을 진료해야 하기 때문에 청진기의 튜브가 짧으면 견딜 수가 없는 것이다. 튜브 길이가 충분해야 냄새를 피해 고개를 돌릴 수 있다.

또 환자를 진찰하면서 신체를 접촉하는 이학적 검사를 생략할 수 없는데 이런 환자들을 접촉하면 진찰하는 동안 손에 환자의 때가 밀려 들어붙기도 한다. 이들을 진찰하고 난 후 다른 환자를 진료하기 위해서는 손을 씻고 이들에게 사용한 청진기도 씻어야 하는데 병원에 물이 나오지 않을 때는 당혹스럽다. 나는 무

엇보다 냄새에 민감한데 환자들을 제대로 진료하기 위해 고약한
냄새를 감수해야 했다. 내 청진기 길이는 30센티미터 정도였고 보
통은 40센티미터였다.

우간다에서는 환자의 냄새 때문에 길다란 청진기를 사용해야 했다.

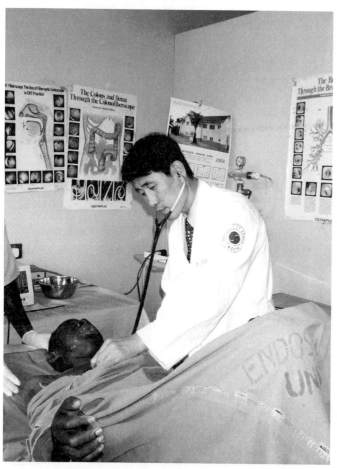

내시경 검사 도중
정전이…

우간다에서의 주된 전기 생산 수단은 수력 발전이다. 캄팔라에서 진자로 가려면 오웬댐을 지나야 하는데, 나일 강의 상류를 막은 이 댐에 큰 발전소가 있다. 한때는 이곳에서 우간다에서 사용하는 전기의 98퍼센트를 생산했다. 하지만 전기가 시골로 공급되기 시작하고 캄팔라가 발전하면서 전기 사용량이 급증하자 생산량이 모자라게 되었다. 이 때문에 화력 발전도 많이 늘어났다. 그러나 2013년 통계에 의하면 전기 사용 인구는 14퍼센트에 불과하다. 그나마 전기가 연결된 곳도 정전이 잦다.

물라고 병원은 중요 시설이라 우선적으로 전기를 공급받는 곳이다. 예전에는 전기가 들어오지 않아 내시경을 못하던 때도 있었는데, 근래 사정이 좋아졌다. 하지만 병원이라고 항상 전기가 들어오지는 않는다. 내시경 검사를 하는 도중에 전기가 나가서 환자 몸에 내시경을 그대로 넣어둔 채로 기다린 적도 있다. 내시경을 빼야 할지 전기가 들어오길 기다려야 할지 꽤나 난감했다. 이 때문에 캄팔라에서는 전기가 있을 때 배터리에 전기를 저장해두는 인버터의 수요가 많다. 인버터의 단점은 배터리의 수명이 짧아 유지비가 많이 드는 것이다. 보통 배터리는 2년이 되면 거의 수명을 다하기 때문에 다시 사야 한다. 배터리 가격이 비싸 인버터보다 차라리 전기 발전기를 사용하는 것이 경제적일 수 있다.

전기보다 더 중요한 것이 안정적인 물 공급인데 캄팔라의 수도 공급도 안정적이지 못하다. 병원에도 수돗물 공급이 끊어질 때가 많다. 환자를 진료한 후 손을 씻을 수 없고, 기구 소독도 못해 수술이 미루어진다. 내시경 검사 후 바로 1차 세척을 해야 하는데 물이 없어 곤란한 경우가 많았다. 우간다에 온 지 20여 년이 지났지만 아직도 전기와 수도 공급이 크게 좋아진 것은 아니다. 정전이 되는 시간과 수도 공급이 끊어지는 기간이 줄어들었긴 했다. 그나마 수도이니까 이 정도이지 아예 수돗물이 공급되지 않는 도시가 많다. 시골의 물 사정은 과거나 지금이나 심각하다. 이런 아프리카에서 살아보니 우리나라의 기간 시설이 대단하게 느껴진다. 또 우간다의 모습과 어린 시절 내가 살던 고향을 비교하면 우리나라의 기간 시설 발전 속도도 정말 경이적인 것 같다.

부정부패가 심해
도와주기도 힘든 나라

　　부정부패가 심한 나라는 돕기도 힘들다. 해외 원조가 민초들에게 전달되지 않고 관료들이 가로채기 때문이다. 우간다에는 아프리카를 돕기 위해 들어온 NGO나 정부 기관이 많다. 유럽과 미국뿐만 아니라, 중국과 일본도 막대한 규모로 원조한다. 그래서인지 한국 정도의 규모로 도와주려고 하면 오히려 담당 정부 관료들이 귀찮아하기까지 한다. 코이카나 한국수출입은행은 해당 국가의 정부를 거쳐서 원조하게 되어 있는데 이런 관료들 때문에 문제가 발생한다. 부패된 관리들은 나라 발전에는 관심이 없고, 자신의 주머니에 무엇이 들어올 수 있는가를 먼저 생각하기 때문이다. 그래서 현지인에게 정말 필요한 프로젝트가 있어도 시행되기 쉽지 않다. 예를 들어, 이웃 나라 르완다에는 한국 KT에서 인터넷을 멋지게 깔아주었는데 우간다에서는 그러지 못했다. KT가 우간다에도 도움을 주려고 했는데 담당 공무원이 엄청난 커미션을 요구해 어쩔 수 없이 포기했다고 한다. 우간다 공무원들 가운데 사명감을 가지고 일하는 사람은 거의 없는 듯하다. 이런 식이라서 우간다에서 다른 나라로 옮기려고 하는 NGO도 많다. 진심으로 도움받기를 바라는 나라에서 일을 하고 싶기 때문이다. 힘든 것은 결국 서민들이다. 정부 관리들의 탐욕 때문에 혜택을 받기는커녕 오히려 고통을 당하고 있다.

　　부패한 관료들은 권력을 이용해 엄청나게 치부한다. 비교적 언론의 자유가 있어 우간다에서는 이들의 비리가 가끔 보도되지만 그 효과는 미미하다. 부정부패로 모은 재산이 몰수되지 않을 뿐 아니라 당사자들은 얼굴에 철판을 깔고 자기 자리에서 물러나지도 않고 버틴다. 한 군 출신 장관에게서 도덕적 해이의 극치를 볼 수 있었다. 이 사람은 몇 번이나 땅 문제로 신문지상에 오르내렸으나 자리를 유지하고 있었다. 정부 부지를 임대할 수 있으면 엄청난 차익을 받고 다른 사람에게 권리를 팔 수 있는데, 그는 이런 일을 하면서 많은 돈을 긁어모았다. 한번은 내가 살고 있는 동네의 우간다인 목사님이 하소연했다. 자신이 정부 땅에서 20여 년을 살아 그 땅을 임대받을 권리가 있는데, 그 장관이 권리를 포기하라고 했다는 것이었다. 그래서 따지기 위해 장관을 찾아갔는데 그가 차고 있던 권총을 빼서 이마에 겨누며 "조용히 물러날래, 아니면 죽을래?"라고 협박했다고 한다. 육군 대장 출신인 장관은 권총을 차고 다녔다. 목사는 두말 못하고 피눈물을 흘리며 물러나야 했다. 곧 우간다 군인들이 나와 그 땅을 지키기 시작했다. 다음 해 장관은 법무부 장관(Ministry of Justice)으로 임명되었다. 그가 과연 정의(Justice)를 구현할 수 있을까, 그야말로 고양이에게 생선가게를 맡긴 격이었다.

열악한 현지인의 집 안. 부정부패는 결국 서민들을 더욱 힘들게 만든다.

부동산 부자가 된
의사

우간다에서 지내던 초기, 물라고 병원 인턴의사 한 명이 내게 살 집이 없다며 우리 집 차고에서 지낼 수 없느냐고 물어왔다. 병원에서 숙소를 제공하지 못해 지낼 곳을 찾아야 하는데 경제 형편이 되지 않는다고 했다. 그는 으레 외국 의사의 집은 좋은 집일 것이라 생각해 부탁한 것이지만 당시 내가 살던 집은 크지 않아 그렇게 해주지 못했다. 10여 년이 지난 후 그 의사에 관한 소식을 듣게 되었다. 자기 고향의 지역의료 담당 관리를 맡고 있는데 집을 고향에 한 채, 캄팔라에 한 채, 또 다른 곳에 한 채를 가진 부자가 되었다는 것이다. 어떻게 단기간에 그렇게 부자가 되었냐고 물어보니, 아프리카 나라들을 돕고자 하는 NGO와 외국 정부 단체를 이용하는 방법을 썼다고 했다. 그는 자신의 자리를 이용해 이들 기관에 도움을 요청했다. 지역 보건소가 시설이 열악해 제대로 진료할 수 없다고 여러 기관에 도움을 요청하는 편지를 보냈고 운 좋게 여러 곳에서 자금 지원을 받았던 것이다. 보건소는 한 곳만 짓고 각각의 원조 단체에 감사의 편지와 함께 건축된 보건소 사진을 찍어보내면 된다. 보건소 네 채를 지을 돈을 받았으니 그 돈으로 자신의 집 세 채를 지었던 것이다. 우간다에서는 정부의 행정 시스템이 투명하지 않기 때문에 이런 일이 얼마든지 가능하다.

지난 수년간 우간다의 부동산 가격이 폭등했는데 그 배경에는 이런 종류의 부정부패가 연관되어 있다. 고위 관리들이 빼돌린 돈으로 부동산에 투자를 하는 것이다. 부정부패로 얻은 돈을 현금으로 가지고 있으면 압수당할 가능성이 있기 때문에, 이 돈으로 가족이나 친척 이름으로 부동산을 구매해 재산을 늘린다. 투명한 사회에서는 재산을 조사해 환수할 수 있겠지만, 우간다에서는 쉬운 일이 아니다. 특히 부동산 소유 문제는 무척 복잡해 문제가 생기면 해결하는 데 엄청난 시간이 걸린다. 결국 시간이 모든 것을 흐지부지하게 만들기에 관리들의 부패가 발견되어도 그들의 부를 유지하게 되는 것이다. 그러니 부동산 투기를 하는 것이다. 이들이 부동산 가격이 자꾸 올라가게 만드니 서민들만 죽어난다. 원래 부동산이 많이 있던 부자들은 그런 상황을 즐긴다. 가만히 앉아서 더 큰 부자가 되기 때문이다. 우간다 부자들은 대부분 부동산으로 돈을 번다. 하지만 가난한 사람들은 더욱 가난해질 수밖에 없다. 수입은 일정한데 물가는 자꾸 오르기 때문이다. 특히 주거비가 계속 상승해 이들은 점점 캄팔라 외곽으로 밀려나고 있다.

주거비 상승의 다른 요인은 이 나라에 거주하는 외국인들이다. 외국 NGO, 국제단체, 대사관에서 근무하는 주재원들은 파견 기관에서 월세를 지불해주니 집을 얻을 때 월세를 낮추려고 크게 노력하지 않는다. 이로 인해 월세는 자꾸 오른다. 캄팔라에 외국인이 거하기 좋은 환경을 가진 주거 시설은 제한되어 있다. 그런 지역의 주거 시설은 대부분 우간다 부자들이나 파견단체에서 월세를 지불해주는 외국인이 차지하고 있다. 그렇다 보니 계속 월세가 올라가 자기 수입에서 월세를 지불하는 사람들은 이 지역에 거할 수 없다. 이들 외국인이 알게 모르게 우간다 부동산 상승에 크게 영향을 미쳐, 빈민들의 삶을 척박하게 만든 요인이 된 것이다. 물론 이들도 나름대로의 변명은 있다. 집을 구하기 전까지 호텔에서 생활해야 하는데, 경비가 만만치 않아 빨리 집을 구해야 하기 때문이다. 어떤 분은 캄팔라에서 괜찮은 집을 찾았지만 임대료가 너무 비싸, 다른 곳을 알아보았는데 마음에 드는 집을 찾을 수 없었다. 할 수 없이 원래 보았던 집의 주인과 계약하러 왔더니 그 사이에 다른 외국인 계약을 해버렸다고 했다. 그러니 괜찮은 집이 눈에 띄면 비싸더라도 잡아야 한다고 했다. 하지만 자기 주머니에서 월세를 지불해야 하는 상황에서도 그렇게 할 수 있을까 하는 의문이 들었다.

가장 가기 싫은 곳,
이민국

어느 나라든지 방문하고 싶은 곳과 피하고 싶은 곳이 있을 것이다. 아마도 외국인이 공통적으로 방문하고 싶지 않은 곳은 이민국일 것이다. 외국에 거주할 때 이민국은 싫든 좋든 방문하지 않을 수 없는 곳인데, 내 경우도 우간다에서 가장 가기 싫은 곳이 이민국이었다. 이민국의 관리들이 해박한 지식과 친절을 겸비하고 있다면 더할 나위가 없고, 둘 중의 하나만 갖추어도 좋을 것 같다. 캄팔라 이민국에서 일하는 관리들은 두 가지 모두가 결여되어 있다. 이들은 자신의 업무를 제대로 파악하지 못했다. 이민국에 취업허가증을 받으러 갈 때마다 다른 말을 한다. 어떤 서류들을 준비하라고 해서 가지고 가면 다른 서류를 요구한다. 다른 관리를 만나면 또 다른 소리를 한다. 일을 제대로 못하면 친절하기라도 하면 좋을 텐데, 이건 정말 최악이다. 딱딱한 얼굴에 고압적인 자세다. 게다가 선물까지 바란다. 주로 인도인과 중국인들이 이들을 버려놓은 것 같다. 이민국에서 인도인들이 관리들에게 선물을 주는 광경을 종종 보았다. 비굴한 웃음을 띠며 돈을 건네는 사람도 꼴불견이지만, 그것을 받는 관리들은 더 꼴불견이다. 요즘은 중국인들도 그런다.

우간다 영주권을 얻은 후 이런 과정이 많이 줄었지만 그래도 2년마다 이민국에 가서 여권에 도장을 찍는 일도 번거롭고 부담스럽다.

부족 간의 갈등이
심한 우간다

우간다에는 50여 부족이 있다. 부족에 따라 생김새도 조금씩 다르다. 동북부에 사는 아테소인들은 대체로 키가 무척 큰 편이다. 남자들은 키가 180센티미터를 훌쩍 넘는다. 하지만 서쪽 루웬조리 산에 사는 피그미족은 평균 150센티미터의 단신이다. 그래서 우간다 사람들이 모여 있으면 키가 들쭉날쭉하다. 키뿐만 아니라 언어와 문화도 서로 달라 우간다의 전통적인 모습에 대해 의견이 분분하다. 한 사람이 우간다의 전통이 이렇다고 말하면 그 옆의 사람이 아니라는 식으로 받아친다. 외국인들은 대체로 우간다 전통이라면 인구의 16.9퍼센트로 가장 큰 종족인 바간다족의 전통을 생각하지만, 다른 우간다인들은 동의하지 않는다. 이들은 우간다라는 나라 이름에도 동의하지 않는다. 그 이름이 바간다족에서 왔기 때문이다.

이런저런 이유로 부족 간의 갈등이 만만치 않다. 특히 결혼을 할 때에 서로가 경원시하는 부족끼리는 부모들의 반대가 심해 결혼이 쉽지 않다. 반드시 그런 것은 아니지만, 대체로 북쪽 사람들은 남쪽 사람들을 별로 좋아하지 않고 남쪽 사람들은 북쪽 사람들을 별로 좋아하지 않는다. 이 때문에 북쪽 사람이 권력을 잡을 때에는 남쪽 사람들이 피해를 많이 보고, 그 반대의 경우도 일어난다. 캄팔라에서 볼 때 부족 구조는 크게 세 개로 나누어진 것 같다. 가장 큰 종족이며 캄팔라 주변에 있는 바간다족 사람들, 무세베니 대통령의 고향인 서부 지역 사람들 그리고 그 외 지역 사람들. 마케레레 대학교에서는 바간다족이 주요 자리를 차지하

루웬조리 산에 사는 피그미족과 함께.

고 있고, 정부 요직에서는 서부 사람이 많다. 그 외 사람들은 곳
곳에 한 자리씩 차지하는 정도인 것 같다.

소수 부족 간의 갈등으로 인해 심각한 사상자가 발생하
는 경우도 많다. 주로 콩고 가까운 곳에서 땅 문제로 일어나는데
1990년대에는 서부 나일 지역에서, 2010년대에는 분디부죠 근방
에서 각각 수백 명의 사상자를 내기도 했다. 인구가 늘어나면서
땅 문제로 인한 갈등이 분쟁의 촉발점이 되는 경우가 많은 듯하
다. 부족 간의 갈등도 결국 이기심의 발로다.

내가 거쳐간
물라고 병원장들

처음 물라고 병원에서 일할 때 병원장은 키후무로 아폴리였다. 그는 일반의였는데 병원 경영을 열심히 하려고 했다. 그다음에는 외과의사인 카구아가 병원장이 되었다. 그는 자신의 VIP가 병원에 입원했을 때, 새벽에 나에게 연락한 적이 있었다. 이곳에서는 새벽에 집 밖으로 나가는 것이 쉬운 일이 아니다. 자물쇠를 몇 개나 열어야 나갈 수 있기 때문이다. 또 누군가는 나와서 문을 잠가야 하니까 여러 사람이 잠에서 깨어나야 한다. 그는 내가 새벽에 몇 번 나가서 환자들을 봐준 것에 대해 늘 감사하는 마음이 있었다. 어느 해 코이카에서 방문단이 왔을 때, 카구아 병원장은 그들을 만나 내가 새벽에 나와서 환자를 본 것을 예로 들어, 헌신적으로 환자들을 진료하고 있고 학생들을 잘 가르친다며 극찬했었다. 아쉬운 점은 방문단이 카구아의 우간다식 영어를 이해하지 못했다는 것이었다.

카구아의 후임으로는 같은 병동에서 오랫동안 함께 일했던 내과의사인 둠바가 병원장이 되었다. 물라고 병원장은 정치적인 입김을 많이 타는 자리다. 그가 병원장이 되었다는 것은 정치권의 큰 손과 가깝다는 말이었다. 같은 병동에서 일할 때는 그런데로 합리적이었으나, 병원장이 된 후 교만해졌다. 자신이 한 말을 쉽게 바꾸고 약속을 지키지 않았다. 같은 병동에 근무하던 수간호사가 검은 띠를 착용하지 못하고 붉은 띠를 착용하고 있었는데 (우간다 정부 병원에 근무하는 간호사들은 허리띠로 계급을 표시한다. 노란 띠, 파란 줄이 있는 노란 띠, 붉은 띠, 검은 띠 순이다.) 그다음 해에 검은 띠를 착용하게 해주겠다고 약속했었다. 하지만 그 약속도 유야무야하게 되어 수간호사는 결국 검은 띠를 차보지 못한 채 질병으로 사망했다. 그는 앞서 말한, 정파의 제도가 없어지면 물라고 병원에서 채용하겠다고 약속했다가 지키지 않은 사람이었다. 이런 식으로 인심을 잃었다. 결국 병원 경영의 불투명성 때문에 명예롭지 못하게 자리에서 물러나야 했다. 후임 병원장도 내과의사이고 후배였지만, 그를 무시했다. 그는 병원장 자리에서 물러난 후 내과에 자신의 자리를 마련하지도 못해 결국 물라고에 있지 못하고 다른 병원으로 옮겨갔다. 그를 보면서 형편이 좋을 때 친구들에게 잘해주는 것이 얼마나 중요한 것인지 배우게 되었다.

우간다에서
한국 가곡을 듣다

우간다에서 문화생활을 기대하기는 힘들다. 문화생활을 즐기기 위해 간 것은 아니지만 그래도 기본적인 문화생활도 하기 힘들어 아쉬웠다. 그나마 우간다 전통 춤과 음악은 주말이 되면 캄팔라 중심지의 나일 호텔에서 공연했다. 이것을 보기 위해서 호텔에 가서 식사나 음료수를 사먹어야 했다. 1990년대 중반까지는 캄팔라에 영화관도 없었다. 몇 년이 지나서야 시내에 영화관이 생겨 〈타이타닉〉를 볼 수 있었다. 2000년대에 캄팔라에 영화관이 있는 쇼핑몰들이 생겨 이제는 유명한 영화들을 볼 수 있게 되었다.

1990년대 캄팔라에 베를린 필하모닉이 방문했다. 사실 필하모닉 멤버 가운데 10여 명이 우간다로 사파리를 온 김에 우간다국립극장에서 공연을 한 것이다. 우간다에서 세계 최정상급 음악가들의 연주를 듣다니 감개무량했다. 그때는 우간다 최고 호텔이었던 쉐라톤 호텔에도 피아노가 없었는데 어느 한국 교민이 이사를 가면서 쉐라톤 호텔에 피아노를 팔아 겨우 피아노가 생긴 시절이었다.

이렇게 현대음악의 불모지에 한국인들이 현대음악을 가르치기 시작했다. 한국인 선교사들이 설립한 대학에 음악과가 개설되었다. 특히 아프리카음악대학(AIM)은 연세대학교 음대 출신인 박마리아 선교사가 개설했고 현지인들에게 현대음악뿐 아니라 아프리카 음악도 가르치기 시작했다. 이로 인해 우간다에 처음으로 오케스트라가 창설되었고 몇 차례 공연을 했다. 아프리카음악

대학의 초청으로 2013년에는 수원시립합창단이 우간다를 방문해 여러 곳에서 공연했다. 또 이 학교에 객원 교수로 1년에 한 차례씩 벨기에서 방문하는 한국 음악가 부부도 캄팔라에서 공연했다. 남편이 테너, 부인은 피아니스트인데 아름다운 음악을 CD로만 접할 수밖에 없는 사람들에게 감동적인 선율을 들려주었다. 특히 우간다에서 듣는 한국 가곡의 아름다움은 온몸에 소름이 돋게 했다.

유리문을 뚫고 나온
하우스보이

집안일을 돕는 하우스보이나 하우스메이드를 구하는 것은 쉬운 일이 아니다. 가장 이상적인 사람은 착하고 일을 잘하며 영어가 통하는 사람이지만, 이 모든 조건을 갖춘 사람을 구하기는 하늘의 별따기다. 처음 캄팔라에서 살 때는 이미 그 집에 있던 하우스보이 두 명을 그대로 고용했었다. 한 명은 영어가 되지 않았고, 다른 한 명은 영어는 되었지만 요령만 부렸다. 잔디를 깎게 한 후 외출했다가 돌아오면 여전히 내가 나갈 때 깎고 있던 위치에 있었다. 다른 집으로 이사를 긴 후에 새롭게 고용한 하우스보이는 내 친구가 잠시 맡겨놓은 차를 허락도 없이 운전해 손상을 입히기도 했다.

하우스보이가 일으킨 사건 중 백미는 음바라라 지역에서 온 프레드가 일으킨 것이었다. 어느 날 나는 평소처럼 병원 근무를 마치고 집에 와서 경적을 울렸다. 그런데 대문이 열리는 시간이 평소보다 오래 걸렸다. 조금 후 대문이 열렸는데 프레드가 얼굴에 피를 줄줄 흘리면서 서 있었다. 대문을 열기 위해 뛰어나오면서 현관 유리문을 뚫고 나왔던 것이었다. 그날 아침 자신이 현관 유리문을 깨끗이 닦아놓은 것이 화근이었다. 유리가 너무 깨끗해서 현관문이 닫혀 있는 줄도 모르고 그대로 유리를 향해 돌진해서 유리를 깨고 나온 것이었다. 너무 어처구니가 없어서 오히려 웃음이 나왔다. 마침 집에 상처를 꿰매는 바늘과 실이 있어서 그의 상처를 꿰매주었다. 당시 캄팔라에는 유리를 취급하는 가게가 없어 유리를 구하는 데 애를 먹었다. 이런 문제들이 있었지만,

다른 집들처럼 도둑질을 한다든지 하는 대형 사고를 친 사람이 없었다는 것에 감사하다.

　　이런 면에서 현재 우리 집에서 일하고 있는 에바 아줌마는 정말 희귀한 사람이다. 메이드가 갖추어야 할 모든 점을 지니고 있다. 성격 좋고, 정직하고, 일 잘하고 부지런하다. 영어가 조금 딸리지만 일상생활에서의 의사전달은 충분히 가능하다. 한국 요리도 배워서 아내가 한국에 가 있을 동안에는 내 식사까지 완벽하게 챙겼다. 차가 조금 더러워졌다고 생각이 들면 그다음 날 깨끗이 씻겨 있고, 도무지 가만히 있지 않고 모든 일을 스스로 알아서 했다. 집사람이 집안 청소를 이틀에 한 번만 하라고 해도, 거실은 매일 하겠다고 했다. 웃는 얼굴로 시키는 것 이상으로 일을 하는데 무슨 말을 더 하겠는가? 이렇게 좋은 사람도 있다.

외국에 나오면 다
애국자가 된다더니

외국에 나오면 다 애국자가 된다더니 나도 그렇게 됐다. 먼 타지에 있으니 어려웠지만 가능하면 한국산 제품을 이용하려고 했다. 가족들이 사용하고 있는 전화기와 노트북 컴퓨터는 삼성 제품이고, 냉장고는 LG 제품이다. 차는 현대차를 13년 탔다. 주우간다 한국대사관에서 근무하던 서기관이 한국에서 바로 수입해서 1년간 타다가 대사관이 철수하면서 내게 팔았던 소나타였다. 요즘은 차 품질이 많이 좋아졌지만 당시에는 잔고장이 많았다. 주변 사람들은 일제를 사는 것이 현명한 일이라고 했지만, 한국 제품을 고집했다. 물론 그 대가는 치렀다. 잔고장이 생길 때마다 고치기 위해 시간을 빼앗겨야 했다. 이곳에서는 믿을 만한 정비사가 거의 없어 차를 차고에 두지 못하고 차 옆에 서서 차가 고쳐지기까지 지키고 있어야 했다. 차를 고치고 나면 곧바로 다른 것에 문제가 생기기 때문이었다. 이곳 사람들은 무엇이든지 있는 것으로 잘 처리하는 능력이 있어 차가 웬만한 고장이 나면 비슷하게 생긴 부품을 깎아서 차가 굴러가게 만든다. 하지만 정품이 없이는 안 되는 경우도 있어 한국에 갈 때마다 쇼핑 리스트에 차량 부품이 빠지지 않았다. 그런데 10년이 넘어가는 자동차의 부품은 한국에서도 구하기가 쉽지 않았다.

한번은 비가 오는 날 어느 주유소에서 기름을 넣었다. 조금 가다가 차가 서버렸다. 문제는 휘발유 저장소에 빗물이 새어들어 간 줄 모르고 주유소에서 물이 섞인 휘발유를 주유한 것이었다. 소나타는 당시 우간다에 없던 DOHC 엔진이 달려 있어서 정비

13년간 탔던 현대 소나타.

사들이 고치지 못했다. 고장 난 채로 차고에서 먼지만 잔뜩 덮어쓰고 있었다. 마침 이곳 현대차 대리점이던 FK 모터스에 영국인 정비사가 왔다. 현대와 계약해서 아프리카 지역을 순회하면서 문제를 해결해주는 사람이었다. 그가 DOHC 엔진에 대해 잘 알고 있어 소나타를 고칠 수 있었다. 6개월 이상 망고나무 밑에서 먼지에 덮여 있던 차가 다시 움직이기 시작했다. 알고 보니 정비사는 한국전 참전용사였다. 내 차를 고쳐준 것도 감사한데, 한국전에 참전하신 분이라 우리 집에 초대했다. 함께 저녁식사를 하면서 좋은 시간을 가졌다. 이후로도 소나타는 여러 말썽을 일으켰다. 그런데도 소나타로 13년을 버텼다. 어느 교민은 현대자동차에서 내게 차 한 대를 기증해야 한다고 농담까지 하셨다.

2005년 한국에서 산부인과를 하는 친구가 우간다를 방문했다. 그 친구는 고등학교 때 가장 친했던 친구로 동아프리카를 방문하면서 우간다에 들렀다. 그 친구와 함께 캄팔라를 둘러보는데 차 시동이 잘 걸리지 않았다. 이런 차로 어떻게 돌아다니느냐며 친구가 차량을 한 대 기증해주었다. 우간다에서 차량 정비를 하시는 분이 중고차 시장에 같이 가서 일본에서 10년간 사용했던 중고 토요타를 골라주었는데 지금까지 별 탈 없이 타고 있다. 정비하는 분들이 토요타를 최고로 치는 이유를 알 수 있었다. 토요타를 타면서 현대차에 미안한 마음이 들었다. 언젠가는 현대자동차가 토요타를 추월해 내가 다시 현대차를 탈 수 있게 되기를 바란다.

한국에서 당연한 것도
우간다에서는 큰 기쁨

한번은 한국으로 휴가를 떠나 김포공항에 도착했는데, 엔테베에서 부친 짐들 중에 가방 하나가 도착하지 않았다. 마지막으로 탔던 대한항공에 신고를 하니 죄송하다며 대구에 있는 집까지 가방을 배달해주겠다고 했다. 짐을 찾기 위해 공항에 다시 올 필요가 없고, 더군다나 대구까지 배달해주겠다니! 우간다에서는 그런 서비스를 상상할 수 없었기에 감격했다. 외국을 방문했다가 엔테베 공항으로 돌아왔는데 부친 짐이 도착하지 않아 고생했던 적이 많았다. 같은 항공사 비행기가 이틀 후에 도착하니 이틀 후에 공항으로 오라고 해서 캄팔라에서 엔테베까지 갔는데 이번에도 짐이 오지 않았으니 다음 주에 오라는 경우도 있었다. 이렇게 캄팔라와 엔테베를 수차례 왕복하면서 시간과 돈을 낭비했고, 스트레스도 만만치 않았다. 그래서 비행기를 갈아탈 때마다 부친 가방들이 그 비행기에 실렸는지 확인하곤 했었다. 그런 경험만 하다가 이런 서비스를 받으니 정말 기분이 좋았다. 조국이 자랑스러워 입이 벌어졌다. 그런데 내 옆의 어떤 아주머니는 한국의 서비스가 엉망이라며 불평하고 있었다. 어디에서 오셨는지 물어보니 하와이에서 왔다고 했다. 미국에서 오신 분은 한국의 서비스가 엉망이라고 불평하고, 우간다에서 온 나는 한국의 서비스가 너무 좋아서 입이 벌어져 있었다.

사람들은 주변에 있는 소중한 것들을 당연하게 여기니 그것들의 가치를 모르고 사는 것 같다. 공기, 물, 건강, 가족 등 평범한 일상에 속하는 것들을 잃고 난 후에야 비로소 그 소중함을 알게 된다. 한국에서는 너무나 당연한 것들이 우간다에 사는 나에게는 큰 기쁨으로 다가왔다. 한국에 계신 분들이 전기가 이틀 끊겼다가 전기가 들어왔을 때의 즐거움, 수돗물이 일주일 동안 끊겼다가 물이 다시 나올 때의 기쁨, 시끄러운 파티 소음으로 인해 잠을 설치고 있는데 파티가 끝났을 때의 평온함 등을 짐작할 수 있을까?

스위치를 올리면 으레 전등이 켜지고, 꼭지를 틀면 수돗물이 나오는 곳에 사는 사람들의 얼굴에 웃음을 찾아보기가 힘든데 오히려 우간다에서 웃는 얼굴을 찾아보는 게 어렵지 않다. 작은 것 하나에 즐거워하고 감사하기 때문이다. 풍요함이 오히려 사람들에게서 감사하는 마음을 앗아가는 것 같다. 게다가 상대적인 궁핍에 절망하고 분노한다. 하지만 소유가 아니라 삶이 중요하다. 생활의 궁핍이 축복이 될 수 있다. 우간다에서 배운 소중한 지혜다.

미장원에 갈 수 없어 아내가 직접 머리를 깎아주었다. 조금 불편하지만 이런 것들이 소소한 행복으로 다가왔다.

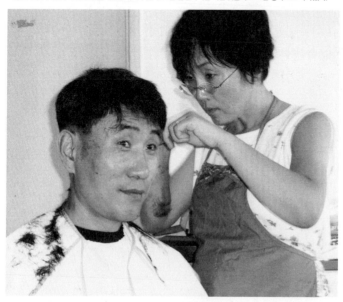

의대 설립 프로젝트 1
쿠미 의대 설립학장을 맡다

우간다 아테소 지역인 쿠미에 한국 분이 1990년대 중반에 설립한 쿠미 대학교가 있는데 그 지역에 충남대학교 의대 교수이신 남상윤, 김선영 두 분이 주축이 된 단기 의료팀이 1999년부터 매년 방문하기 시작했다. 내과·외과·산부인과·소아과 등 기본적인 과뿐만 아니라, 치과·이비인후과·비뇨기과·성형외과·정형외과 등 다양한 전공의로 구성된 팀이었다. 이들은 자비로 한국 설 연휴 전후에 우간다를 방문했는데 4~5일간 2000여 명 이상을 진료했다. 환자가 많아 어두워질 때까지 진료하는 경우가 많았고, 특히 수술팀은 밤늦도록 수술을 하기도 했다. 이 팀 덕분에 아테소 사람들이 의료 혜택을 입게 되었다. 그러나 의료팀의 리더들은 단기 의료팀의 한계를 느끼게 되었다. 외과 환자나 치과 환자의 문제는 단번에 해결할 수도 있겠지만, 만성질환을 가진 환자의 진료에서는 좌절감을 느낄 수밖에 없었던 것이다. 고혈압의 경우는 그 짧은 시간에 본태성 고혈압인지 이차성 고혈압인지 검사하기도 힘들고, 어느 혈압약이 가장 좋은 것인지 판단하기도 힘들 뿐 아니라, 장기간 투여할 수 있는 혈압약을 한꺼번에 줄 수도 없기 때문이었다. 이에 대한 문제의식에 의료팀은 그곳에 의대를 설립하기로 의견을 모으게 되었다. 아테소 지역뿐 아니라 우간다 동부에는 의대가 아예 한 곳도 없는 형편이라 의대 설립은 우간다 전체를 볼 때도 중요했다.

우간다는 인구 대비 의사 수가 인구 1000명당 0.1명으로 매우 부족하다(한국은 1000명당 2.2명) 그나마 있는 의사도 대부분

단기 의료팀에 진료받기 위해 줄을 서서 기다리는 현지인들.

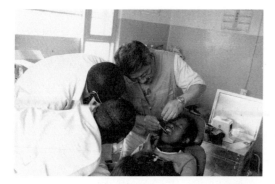

단기 의료팀은 치과 환자의 문제 같은 것은 단번에 해결할 수도 있으나 만성질환을 가진
환자의 진료에서는 한계가 있을 수밖에 없었다.

단기 의료팀에 합류해 봉사하고 있는 큰딸.

수도권에 몰려 있다. 원래 마케레레 의대에서 정부 장학금으로 공부한 사람은 졸업 후 몇 년 동안은 보건부에서 지정한 지역에서 가서 수년간 봉사를 해야 하지만, 그것을 지키는 사람도 거의 없었다. 이처럼 의사들이 시골로 가지 않으려 하는 현실을 감안할 때 아테소 지역에 의대가 생기는 것이 필요했다. 쿠미 의대 설립 추진 팀이 대전에 구성되었고, 이 팀에서 마케레레 의대에서 강의를 해서 영국식 교육 체계를 잘 알고 있는 나에게 설립학장을 맡아달라고 부탁했다. 하지만 당시는 정파의 제도가 폐지되기 전이었을 뿐 아니라, 할 일이 너무 많아 정중히 거절했다. 단지 정파의가 완전히 없어지는 2008년부터는 고려할 수 있는 사항이었다. 설립학장직은 맡지 않았지만 우간다 의대 설립에 필요한 정보들을 제공하는 등 할 수 있는 부분을 도와주기로 했다.

의대 설립에 관한 정보를 얻기 위해 2007년 우간다 보건부의 임상서비스국장인 아만두아 박사를 찾아갔다. 아만두아는 룩바라족으로 우간다 서북부에 위치한 서부 나일 지역의 중심 도시인 아루아 출신인데 내가 우간다에 도착한 1992년에 이미 내과 수련을 마친 시니어 의사였다. 그에게 어떻게 의대를 시작해야 하는지 물어보았다. 그는 내게 아루아에서 의대를 시작하면 본인이 다 도와주겠다고 웃으면서 말했다. 그는 고향에 애착이 강했다. 그는 의대를 시작하기 위해서는 먼저 내과·외과·산부인과·소아과가 있는 교육 병원이 있어야 한다고 했다. 당시 우간다에는 유수한 역사와 전통을 자랑하는 마케레레 의대, 1989년에 시작된 음바라라 의대 그리고 2004년에 시작된 굴루 의대 등 국립 의대 셋이 있었고, 무슬림 대학인 KIU에서는 서부 지역 이샤카에 위치한 캠퍼스에서 의대를 준비하고 있었다. 지역적으로 보면 수도인 캄팔라에 하나, 대통령의 고향인 서부에 둘 그리고 북부에 하나 있었지만, 동부 지역에는 전무했다.

아만두아에 따르면 의대 설립의 첫 단계로 쿠미 인근의 병원과 양해각서를 써야 했다. 의대 설립에 가장 좋은 방법은 교육 병원을 먼저 설립한 후 의대로 발전시키는 것이다. 하지만 쿠미 대학교는 병원을 설립할 만한 재원이 없는 상태라 쿠미 대학교와 가까이 있는 병원과 협력하는 수밖에 없었다. 쿠미에는 정부 병원이 없고 미션 병원인 쿠미 병원과 응오라 병원이 있었다. 다른 지방 병원과 마찬가지로 이들 병원에도 전문의는 거의 없었고, 일반의도 턱없이 부족했다. 대학에서 강의하기 위해서는 최소한 석사 학위를 가지고 있어야 하는데, 일반의밖에 없는 이들 병원에서 강사들을 확보하기 어려웠지만 다른 방안이 없었다. 이들 병원에는 정부 병원과 달리 환자가 어느 정도 의료비는 지불해야 했다. 이로 인해 정말 가난한 환자들은 인근에 있는 정부 병원으로 가야 했다. 가난한 사람들에게 잘 발생하는 심근내막섬유증 같은 병을 가진 환자들은 정부 병원에서나 볼 수 있기 때문에 여러 질환을 다 포함하기 위해서 인근에 있는 정부 병원인 아투투르 병원도 의대 수련 병원에 포함하기로 했다. 하지만 일단 시작 단계에서는 쿠미 병원과 응오라 병원을 쿠미 의대 부속병원으로 만들기 위해 양해각서를 먼저 체결하는 방향으로 나가기로 했다.

의대는 다른 대학에 비해 준비해야 할 것이 엄청나게 많아 설립하기 힘들다. 적어도 의사 몇 명이 현지에 와서 머물면서 일을 추진해야 한다. 하지만 설립팀에는 현지에서 설립 작업을 수행할 의료인이 없었다. 이 때문에 나에게 도움을 요청한 것이었지만, 도울 수 없는 형편이었다. 그러던 차에 큰 변수가 생겼다. 의대 추진에 중추적인 역할을 하던 남상윤 교수님의 간질환이 심해져서 간암으로 진행한 것이었다. 2007년에는 토혈과 간성 혼수가 시작되어 간 이식 수술 없이는 생존하기 힘든 상황이 되었다. 이식 수술은 쉬운 수술이 아니다. 여러 가지 장애가 많은데 무엇보다 장기 기증자를 찾는 것이 가장 힘들다. 그런데 그분의 외동딸이 자신의 간을 아버지를 위해 기증하겠다고 나섰다. 간 이식을 위해서는 간의 70퍼센트 정도를 기증해야 한다. 비록 재생되는 장기이기는 하지만 간의 70퍼센트를 떼어내면 자칫 생명을 잃을 수도 있다. 이런 위험 때문에 간을 기증하는 딸이나 기증받는 아빠의 입장에서 정말 쉽지 않은 결정이었다. 하지만 상황이 심각해 더 망설일 수 없어 수술이 결정되었다. 2008년 1월 간 이식 수술을 했는데 아침 8시에 시작된 수술이 밤 12시 30분이 되어서야 마칠 수 있었다고 한다. 수술은 성공적이었다. 남 교수님과 딸 모두 건강을 회복했다. 이 소식을 들은 모든 사람이 감동받았다.

간암에서 회복한 남 교수님이 다음 해에 우간다를 다시 방문하셨다. 그때가 2009년 10월이었다. 이전과는 완전히 달라진 모습이었다. 원래 체격이 좀 있었는데 엄청 수척해지셨다. 몸의 절반이 줄어든 모습이었다. 그런 상태로 우간다를 돕기 위해 다시 오신 것이다. 이분이 내 손을 잡으시며, 의대 설립학장을 맡아달라고 다시 부탁하셨다. 차마 부탁을 거절할 용기가 없었다. 이로써 쿠미 의대 설립학장을 맡게 되었다. 이때는 이미 코이카 정파의 제도가 없어져 마케레레 대학에서 시간강사로 일하고 있던 때여서 설립학장을 맡는 데 걸림돌도 없었다. 그해 11월에 쿠미 대학교로부터 의대 설립학장으로 정식 임명장을 받았다. 우간다에서는 의대 설립학장은 대학에서 시니어강사 이상으로 임명되어야 한다는 규정이 있지만, 아직 대학 자체가 자리를 잡지 못한 쿠미 대학교에는 전임과 시간강사 제도만 있었다.

대전에서는 2010년 9월에 의대를 개교할 수 있도록 준비하고 있었다. 본격적으로 의대 설립을 위해 나서야 했다. 하지만 우간다 공무원이 문제였다. 이들은 우간다에 의사 수가 부족한 것을 잘 알고 있지만, 막상 한국 의사들이 의대 설립을 하겠다고 해도 전혀 지원해줄 의사가 없었다. 그해 보건부의 의료서비스 심의관을 만났다. 우간다 의사들 가운데서는 상당한 시니어 의사였다. 미리 약속을 하고 갔지만, 사무실 바깥에서 한참 동안 기다려야 했다. 시간관념이 정확하지 않은 우간다의 특징이니 어찌 보면 당연한 일이었다. 들어가서 만났을 때 그는 시큰둥한 태도를 보였다. 대뜸 묻는 말이 "의대 설립을 위해 얼마의 재정이 확보되어 있는가?"였다. 그는 커리큘럼에는 별 관심이 없는 듯했다. 시종일관 의대 설립에 엄청난 재정이 필요한데 한국 정부도 아니고 한국 의사 몇 명이 의대 설립을 할 수 있겠느냐며 의구심을 표명했다. 우간다의 열악한 의료 환경을 도우려고 하는 한국 의사들의 노력에 감사를 표명하기를 바라지는 않았지만, 적어도 정부의 책임 있는 관리로서 도울 부분이 있는지 언급해주기를 기대한 것이 잘못이었다. 그래도 한 가지 수확은 이 관리를 통해 의대를 설립하기 위해 공식적으로 거쳐야 할 곳이 우간다의치의사협의회(UMDPC)라는 것을 알게 된 것이었다.

곧바로 보건부 지하에 있는 우간다의치의사협의회 사무실을 찾아가 사무 주임인 은디쿠 박사를 만나려 했으나 자리에 있지 않았다. 며칠 후 쿠미 대학교 총장이었던 이상철 박사와 함께 보건부를 방문해 임상서비스국장 아만두아와 은디쿠를 만날 수 있었다. 아마두아는 지난번에는 의대 교육 병원에 네 개의 과만 있으면 의대를 시작할 수 있다고 했었는데 이번에는 다른 조건을 추가했다. 기초의학 교실이 마련되어 있어야 하고, 그곳에 전임강사들이 있어야 한다고 했다. 우간다에서의 일은 이런 식으로 진행되는 경우가 많았다. 처음부터 필요한 것을 다 이야기하는 경우가 거의 없었다. 몇 가지를 준비해오라고 하여 그것을 준비해가면 또 다른 것을 요구하는 경우가 대부분이었다. 의대 설립도 그런 식으로 진행되어 갔다. 은디쿠는 더 나아가 기초의학과들에 각각 두 명의 전임강사가 있어야 한다고 했다. 우간다에서도 우리나라처럼 기초의학을 공부하는 교수들이 많이 부족하다. 그래서 처음부터 두 명을 구하기 힘들지 않겠느냐고 하니 일단 한 명이라도 구하라고 했다. 그는 한국에서 기초의학 교수들이 들어오기를 바랐다. 그리고 기초의학 실습실, 특히 해부학 실습실이 있어야 한다고 강조했다. 하지만 세계적으로 사체를 구하기 점점 더 힘들어지고 있는 상황이다. 컴퓨터 기술이 발달해 가상 해부로 사체실습을 대신할 수 있지 않겠느냐 물어보니 그것은 아직 수긍할 수 없다며 전통적인 해부학 실습실이 있어야 한다고 했다. 그에게 커리큘럼을 만드는 데 참고할 것이 없느냐고 물어보니 견본을 보여주었다. 당시 이미 설립되어 있던 KIU의 의대 커리큘럼이었다. 커리큘럼에는 단순히 의대 교육과정만 담은 것이 아니라 의대 교육의 목표·개요·학생 선발 과정·각 교과과정의 목적과 목차 내용 등을 모두 적어야 했다. KIU 커리큘럼도 작은 글씨로 112쪽이나 되는 분량이었다. 은디쿠는 커리큘럼은 한두 사람이 만들 수 없고 전담 팀을 구성해서 만들어야 할 것이라고 조언했다. 그는 동부 아프리카 의대 설립 요강집도 복사할 수 있도록 빌려주었다.

우간다 의대 교육의 표준은 마케레레 대학교이므로 마케레레 대학교의 커리큘럼을 참조해야 했다. 이를 위해 마케레레 대학교 건강과학학교 교장과 의대 학장을 만나 쿠미 대학교 의대 설립 계획을 설명하고 마케레레 의대 커리큘럼을 얻었다. KIU와 마케레레 대학교 커리큘럼 그리고 동부 아프리카 의대 설립 요강집을 기초로 쿠미 의대 커리큘럼을 만드는 작업을 시작했다.

의대 커리큘럼을 만드는 작업은 방대했다. 한국에서 고려하는 의대 프로그램과 우간다 실정에 맞는 프로그램을 절충해야 했다. 처음에는 혼자 작업을 하다가 결국 한 사람을 고용했다. 케냐 출신의 스피키라는 여의사로, 그는 마케레레 대학교에서 의학을 공부하고 마취과 전문의 과정을 이수하고 있었다. 학생 때부터 알고 있었을 뿐 아니라 내가 일하던 병동에서 인턴으로 일을 했다. 책임감 있게 일을 해서 그가 인턴으로 있는 동안 병동의 사망률이 낮아졌다. 스피키와 함께 한국에서 와서 짧은 기간 동안 강의해야 하는 기초의학 교수들의 형편을 감안해 의대 커리큘럼의 기초를 만들었다. 한국에 계신 남 교수님과도 연락을 주고받으며 커리큘럼을 완성해갔다. 스피키는 쿠미 대학교의 의대 교육 담당자로 임용을 부탁했으나 학교 사정상 지연되다가 결국 임명받지 못한 채 케냐로 돌아갔다.

마케레레 의대에서는 일단 의대 설립 시 당장 필요한 과를 아홉 개로 하라고 조언해주었다. 기초의학 4개과(생리학·해부학·미생물학·병리학), 임상 4개과(내과·외과·산부인과·소아과)에 공중보건학과였다. 원칙적으로는 이들 과에 설립 과장들이 임명되고 이들이 각 과에서 가르칠 커리큘럼을 제출하면 학장실에서 이들을 묶어서 의대 커리큘럼을 완성해야 한다. 그리고 학장 아래 필요한 최소 직원으로 학사 관리자와 일반 관리자 한 명씩을 두고 나중에 학생 수가 많아지면 교육과 연구 등을 담당할 부학장을 임명하라는 조언도 받았다. 의대에 필요한 최소 위원회는 4개로, 커리큘럼 위원회, 시험 위원회, 교수 위원회 그리고 재정 위원회가 있어야 했다. 입학 자격 결정은 대학평의회와 협의가 필요하다. 입학 정원도 중요한데, 정원을 결정해야 최소한의 실험실 규모와 장비들을 어느 정도 들여놓아야 하는지 가늠할 수 있기 때문이다.

　우간다에 기초의학 교수들이 절대적으로 부족하기는 하지만 병리학과 공중보건 쪽으로는 공부한 사람들이 있어 이들 과에 학과장을 구하는 것은 재정만 허락한다면 큰 문제가 아닐 것 같았다. 문제는 생리학·해부학·미생물학이었다. 마케레레 의대에도 그쪽으로는 전문 인력이 부족할 정도였다. 그래서 한국이나 미국에서 그 분야를 강의할 분들을 찾아보기로 했다. 새로운 의대에서 교수들에게 지불할 금액을 결정하기 위해 마케레레 의대에서는 얼마나 지급하는지를 알아보았다. 2010년에 마케레레 대학교에서 지불하는 월급은 평균 실 수령액 기준으로 조교 98만 실링, 강사 130만 실링, 시니어강사 160만 실링, 부교수 190만 실링, 교수 220만 실링이었다. 그런데 우간다에서는 세금이 30퍼센트로 고정되어 있고 국민연금 15퍼센트를 떼니까 실제적으로 마케레레 대학교 예산에는 정교수들에게 400만 실링을 지출하고 있었다. 시골에 위치한 쿠미 의대에 능력 있는 사람을 초빙하기 위해서는 이보다 더 많이 지불해야 한다. 이 때문에 김선영, 남상윤 교수 두 분은 후원자를 찾아 삼만 리 행군을 하셨다.

　실험실 중에 다른 실험실들은 함께 사용할 수도 있겠지만 해부학 실험실은 그렇게 할 수 없다. 해부학 실험실은 사체 실습실이기 때문이다. 해부학 실습실을 만들기 위해 마케레레 해부학 실습실을 둘러보았는데 그곳 조교를 만나 아주 유용한 정보를 얻을 수 있었다. 첫째, 사체는 신설 의대에서 따로 준비할 필요 없이 마케레레 대학교 해부학 교실에서 구입하면 된다는 것이다. 우간다에 있는 다른 대학에서는 사체 한 구에 100달러 정도를 마케레레 의대에 지불한다고 했다. 사체에 가격을 논한다는 것이 이상하지만 너무 싸다는 느낌이 들었다. 대학 간 협력 차원인 것 같았다. 우간다 보건부 가이드에 사체 한 구당 의대생 8~10명이 실습하는 것으로 되어 있으니 입학 정원을 40명으로 생각하고 있는 쿠미 의대에서는 4~5구의 사체가 필요했다. 둘째, 마케레레 해부학 교실에서 쿠미까지 강의를 나와줄 수 있다고 했다. 공식적으로 대학에 요청하는 것이 아니라 개인적으로 부탁해서 교통비와 강의료를 주면 된다고 말해주었다.

2010년 3월에는 의대 프로젝트 진행과 후원자 모집을 위해 미국 로스엔젤레스에서 열리는 한미의료선교대회(KAMHC)에 참석했다. 이곳에서 아프리카미래재단의 박상은 선생님, 에티오피아 명성메디컬센터의 김철수 선생님 등을 만나 의대 설립 협력에 대해 의논했다. 박상은 선생님이 아프리카미래재단을 쿠미 프로젝트의 한국 기지로 이용하면 좋겠다고 제안했다. 재단 하나 만드는 데 한국 돈 2~3억이 들어가고 운영비로 한 달에 700만 원이 나가야 하는데 굳이 새로운 재단을 만들 필요가 없었다.

의대 설립 프로젝트 2
의대 커리큘럼을 발표하다

2010년 6월에 우간다의 기존 의대들을 방문해 실상을 알아
보기로 했다. 북쪽에 있는 굴루 의대는 마침 그곳을 방문하는 분
에게 사진 촬영 및 대학 실정 파악을 부탁했고, 나는 서부 지역에
위치한 KIU와 음바라라 의대 등을 방문하기로 했다. 아내가 동
행했다. 여러 가지 유용한 정보를 얻을 수 있었다. 음바라라 대학
교는 이전에 외부시험관으로 방문한 적이 있었지만 그때는 해야
할 일이 많아 학교 사정을 파악할 틈이 없었다. 이번 방문 때는
의대 학장과 부학장을 만나 대학 사정을 듣고, 그들의 조언도 들
었다. 부학장은 마케레레 의대 출신으로 내 제자일 뿐 아니라 쿠
미 대학교를 설립하고자 하는 쿠미 인근인 부케데 출신이었다. 그
는 적극적으로 도와주었고 필요한 것이 있으면 언제든지 협조하
겠다고 했다. 학교 역사가 20년 가까이 되면서 자리가 많이 잡힌
것을 보게 되었다. 개교 초기에 외부시험관으로 왔던 영국인 교
수가 보고서에 "이 대학은 대학이라고 할 수 없다. 빨리 문을 닫
는 것이 좋겠다"라고 썼었다는데, 이제는 기초의학 모든 과가 갖
추어졌고 각 교실마다 교수도 3~5명씩 있다고 했다. 임상까지 22
개 과가 있다고 했다.

음바라라 대학교를 떠나 KIU가 있는 이샤카로 갔다. KIU
의대는 규모 면에서는 어마어마한 대학이었다. 이 대학병원은 덩
치로만 보면 캄팔라에 있는 물라고 병원 급이었다. KIU가 어디에
있는지 물어볼 필요도 없었다. 시골 길가에 엄청난 규모의 건물
들이 서 있었다. KIU가 무슬림 대학이니 아마도 해외 무슬림들

이 많은 돈을 보내준 모양이다. 하지만 큰 덩치에 어울리지 않게 병실 대부분이 비어 있었다. 사립 병원이라 시골 사람들에게는 비용이 부담스러웠을 것이다. 이 문제를 해결하기 위해 KIU는 우간다 정부와 계약을 맺어 국립병원처럼 환자를 입원시키는 공공 병동을 열었다고 한다. 미리 연락하지 않은 채 가서 대학의 책임자를 바로 만나기는 힘들다. 그래서 그 병원에 있을 제자들을 이용하기로 했다. 내과 병동을 찾아가 내과 과장이 누군지 물어보니 역시 제자인 버나드였다. 버나드는 나를 반갑게 맞이했고, 학장과 캠퍼스 부총장을 만날 수 있도록 주선해주었다. 이 대학의 대리 부총장(DVC)*은 놀랍게도 우간다의치의사협의회의 의장인 카우마 교수였다. 그의 사무실에서 의대 설립에 관해 우간다의치의사협의회에서 요구하는 사항을 더 자세히 들을 수 있었다. 그는 커리큘럼만을 빨리 제출하는 것은 별로 의미가 없다면서 의대 설립에 필요한 다른 요건들(강의실·실험실·숙소·도서관 등)을 마련한 후에 커리큘럼을 함께 제출하면 된다고 했다.

　　이미 자리를 잡은 음바라라 대학교와 막강한 자본력으로 자리를 잡아가는 KIU에 비해 쿠미 대학교는 초라해보였다. 하지만 실망할 것은 없었다. 모든 것을 갖추고 시작할 수는 없으니까. 그런데 가장 심각한 문제는 내부에 있었다. 쿠미 대학교 운영에 문제들이 있어 쿠미 의대는 쿠미 대학교와 별도로 재정과 인사를 운영하면 좋겠다는 의견들이 많아 그렇게 진행하기로 했다. 쿠미 대학교 총장인 이상철 박사와 함께 캄팔라에서 쿠미 대학교 고문 변호사를 만났다. 우리 사정을 설명하고 법적인 조언을 구하니 그는 두 가지 방안이 있다고 했다. 하나는 새로 학교를 설립하고 쿠미 대학교와 계약을 맺는 방안, 다른 하나는 쿠미 대학교에서 의대에 자율성을 보장해주는 방안을 만들어주는 것. 첫째 방안은 우리가 학교 설립 절차까지 받아야 하니 채택할 수 없었다. 따라서 둘째 방안을 택해야 하는데, 이 방안을 만들기 위해서는 먼저 학교 정관을 검토해보아야 한다고 했다. 변호사는 정관을 검토해

* DVC(Deputy Vice Chancellor)는 영어로 대리 부총장이지만, 영국식 대학 시스템에서는 총장인 'Chancellor'는 입학식과 졸업식만 주관하는 명예직이고, 영어로 부총장인 'Vice Chancellor'가 한국의 총장에 해당한다. 따라서 DVC는 한국의 부총장에 해당한다.

보고 이메일을 주겠다고 했다. 하지만 연락이 오지 않았다. 그도 그럴 것이 학교 정관에 문제가 있어 대학에서 교정 작업을 하고 있었는데 이 작업이 제대로 진행되지 않았던 것이다.

그해 9월에 쿠미 대학교 총장이 교체되었는데 비정상적인 방법으로 교체되어 대학이 안정되기까지 많은 시일이 소모되었다. 다른 한국인 박사가 후임으로 왔는데 이분이 대학 사정을 파악해야 하니 의대 설립 배경을 이해하기까지 시간이 걸릴 수밖에 없었다. 더군다나 의대는 기존 대학과 인사와 재정 면에서 독립적인 기관으로 하겠다는 방침을 이해하지 못했다. 모두가 좋은 마음으로 봉사를 하는 것이지만 한마음으로 일하는 것은 정말 어려운 일이다.

지역 주민들을 이해시키고 그들의 지원을 얻기 위해 쿠미 지역 유지들을 초빙해 의대 프로젝트를 설명했는데, 그 지역에서 막강한 영향력을 행사하고 있는 게르솜 주교는 우간다 사람들을 설립 학과장들로 임명해야 한다고 했다. 한국인들에 대한 의혹과 불신이 있는 듯했다. 우간다 학과장이 들어서는 것이 이상적이기는 하지만, 기초과학을 전공한 사람들 가운데 쿠미에서 설립 학과장으로 일할 사람도 드물었고, 무엇보다 경제적인 부담도 만만치 않아 현실적이지 못했다. KIU에서는 시간강사들에게 한 달에 일인당 최대 150만 실링까지 준다고 하는데 쿠미 의대에는 그렇게 할 재정이 없었다.

그러는 사이에 커리큘럼 완성을 눈앞에 두게 되었다. 완성을 위해 가장 미진했던 부분이 생화학 부분이었다. 한국에서는 생화학이 분자 수준으로 깊이 들어가 있기 때문에 우간다 형편에 맞는 강의 계획을 만들기 위해서는 그 분야에 전문가가 있어야 했다. 충남대 이정은 학장님께 부탁해서 그 대학 생화학 교수를 소개받아 비로소 커리큘럼을 완성할 수 있었다. 이 학장님은 말씀도 없이 매달 일정액을 내게 송금해주고 계셨다.

의대 설립 준비에 시간이 걸리는 동안, 정부 담당자들이 바

꿰어 시간이 점점 더 지체되었다. 우간다의치의사협의회의 사무
주임이 바뀌어 은디쿠 박사가 물러가고 카툼바 박사가 들어섰다.
카툼바를 만나 의대 준비에 대해 말했더니 그가 제시하는 방향
이 기존과 달랐다. 카우마 교수가 제시한 것들을 말했더니 그제
야 그는 그 방향대로 가면 될 것이라고 했다. 쿠미 대학교에 새로
온 총장님도 대학 사정을 파악해가면서 다시 일이 조금씩 추진
되기 시작했다.

보건부에서 의대 병원은 적어도 600개의 병상을 갖춘 병원
이 되어야 한다고 했다. 고층 빌딩은 건축비가 많이 들기 때문에,
우간다에서는 수도인 캄팔라 도심을 제외하고는 대부분이 단층
건물이다. 600병상의 병원을 건축하기 위해서는 넓은 부지가 있
어야 했다. 따라서 병원 부지가 작은 응오라 병원보다는 부지에
작은 비행장까지 있는 쿠미 병원이 대학병원이 되어야 한다는 결
론을 얻었다. 하지만 쿠미 병원과 계약을 맺기까지 엄청난 시간
이 걸렸다. 그곳 병원장인 루스 오비이콜은 내가 일하는 병동에
서 내과 실습을 한 제자라 무척 협조적이었다. 하지만 병원과 대
학 간의 협정 체결은 병원장 한 사람이 결정할 사항이 아니었다.
쿠미 병원에 대학 이름으로 공식 서류를 보냈다. 루스는 외과의
사라 항상 병원에 있어야 했지만 엔지니어로 일하는 남편이 캄팔
라에 있어 자주 캄팔라로 가야 했다. 이 일을 진행하던 중 내가
부상을 입어 왼쪽 슬개골에 골절이 생겼다. 무릎에 고인 피를 두
차례 제거한 후 석고붕대를 했다. 이 때문에 한동안 쿠미에 갈 수
가 없게 되었다. 다음 해인 2011년 초 어느 정도 회복이 되었다.
그 무렵 우간다 교육부에서 일하는 올루폿 박사를 알게 되었는
데 그는 쿠미 대학교가 위치한 응오라 출신으로 미국 컬럼비아
대학교에서 교육학 박사 학위를 받은 사람이었다. 그는 자신이 쿠
미 대학교의 발전에 관심이 많다고 했다. 알고 보니 올루폿은 이
전에는 쿠미 대학교 대리 부총장이었다. 하지만 문제가 생겨 대학
수뇌부가 모두 경질되었고 그도 대리 부총장직을 그만두고 나와

야 했다. 나는 이 사람이 자신의 역량을 고향에서 발휘해주기를
바랐다. 쿠미 대학교 졸업식에 초대했고 그는 기꺼이 오겠다고 했
다. 그는 한국에서 졸업식에 참석하러 온 팀들을 만나 대학에서
일하는 조건을 상의했으나 좋은 결과를 얻지 못했다. 그는 이때
부터 오히려 의대 설립에 방해꾼이 되었다.

쿠미에 머무는 동안 쿠미 지역 병원과 양해각서를 맺는 작
업을 진행했다. 쿠미 병원과는 느리게라도 진행되었는데 웅오라
병원과는 도무지 진도가 나가지 않았다. 병원장이 문제였다. 그
는 마케레레 의대 출신이 아니라 러시아 의대에서 공부하고 온 사
람이었다. 그는 약속을 하고도 약속 장소에 좀처럼 나타나지 않
았다. 오지 않아 전화를 하면 전화기는 꺼져 있었고 문자를 보내
도 답이 오지 않았다. 몇 시간이 지난 후 문자가 와서 다음 날 만
나자고 하는데 그날에도 나타나지 않았다. 아프리카에서 일할 때
인간적인 관계가 형성된 것과 없는 것에는 엄청난 차이가 있음을
거듭 느끼게 되었다.

쿠미 병원에서는 그쪽 이사회에서 쿠미 대학교와 협조 방
안을 논의했고, 나름대로 협정을 맺기 위해 담당 위원회를 만들
어 양해각서를 만들고 있다고 했다. 그 병원 측 변호사가 양해각
서 초안을 만들기로 했는데 그도 무척 느렸다. 루스는 쿠미 병원에
서 쿠미 대학교의 진의를 의심하는 사람이 있다고 했다. 이전에 쿠
미 대학교 총장이 쿠미 병원 관계자들을 만나 대화를 하면서 쿠
미 병원을 쿠미 대학교에 넘기라고 농담한 것이 발단이었다. 이로
인해 쿠미 대학교가 쿠미 병원을 삼키려 한다는 오해가 생겼다. 병
원 이사들 가운데 역사적으로 보나 일하는 사람 수로 보나 쿠미
병원이 쿠미 대학교보다 우위에 있는데 쿠미 대학교가 순수하지
못한 의도로 접근한다고 생각하는 사람들이 있다는 것이다. 하지
만 전반적으로는 쿠미 의대와 협조하는 분위기라고 했다. 서로가
잘 알지 못하는 사이에 농담이 얼마나 위험할 수 있는지 배우는
계기가 되었다.

막상 양해각서 만드는 작업에 들어가자 자잘한 문제들이 불거졌다. 쿠미 병원이 쿠미 의대의 실습 병원이 되면 병원 부지에 기숙사를 건축해야 하는데 그 기숙사는 누구의 소유가 되느냐, 의대생들이 실습을 나와 의료 사고를 일으키는 경우 환자에게 누가 보상을 해주어야 하느냐, 쿠미 병원 의사들이 학생들을 가르치면 그 보수는 누가 주느냐 등등. 이런 문제들을 변호사와 의논해 오해와 이론이 없도록 문구를 정리하기로 했다. 양해각서 문구가 확정되자, 이번에는 쿠미 병원에서 누가 그 문건에 사인하느냐가 불거졌다. 당연히 쿠미 병원의 이사장이 서명하는 것으로 알고 있었는데, 그 병원이 영국 성공회에 속해 있기 때문에 우간다 성공회의 수장인 대주교가 서명을 해야 한다는 것이었다. 이로 인해 또 상당한 시간이 흘렀다. 2011년 8월에도 학교를 시작할 수 없게 된 것이다.

이런 와중에 나는 우간다에서 일할 코이카 중장기 자문단을 선발한다는 것을 알게 되어 설립학장직을 그만두고 코이카 자문단으로 일하게 되었다. 그러면서 2012년 3월에 의대 설립을 목표로 하고 있는 그 프로젝트를 비공식적으로 돕기로 했다. 코이카에는 청렴의 의무가 있는데 내가 쿠미 프로젝트를 돕는 것은 그 항목에 저촉되지 않았다. 돈을 받는 것이 아니라 오히려 내 차로 쿠미를 오가면서 기름값도 받지 않았으니까. 주우간다 한국 대사님과 코이카 소장님의 양해를 받아 이 프로젝트를 계속 도울 수 있었다.

2011년 7월 우간다의치의사협의회에서는 쿠미 병원과의 양해각서가 늦어지는 상황을 이해하고 일단 다른 서류들을 먼저 제출하라고 했다. 그래서 이미 마련된 커리큘럼, 교수 명단 등을 제출했다. 당시 쿠미에서 그렇게 멀지 않은 음발레 지역에 있는 부시테마 대학교에서 의대를 세우려고 한다는 소문이 있었다. 카툼바에게 그 진척을 물었더니 그는 부시테마 대학교에서 의대를 세우려고 한다는 소식은 들었지만 구체적으로 제출된 서류는 아무엇도 없다며 진도는 쿠미 의대와 마찬가지라고 했다.

그런데 프로젝트를 추진하면서 이해할 수 없었던 것은 지역 대표들의 미온적인 태도였다. 그 지역에 의대를 설립하면 지역민의 이익이 엄청날 텐데 시큰둥한 반응을 보여 이상하다고 생각했다. 나중에 알고 보니 쿠미 대학교에서 일어난 여러 문제로 인해 지역민들과 대학 당국 사이에 어느 정도 간격이 벌어져 있었다. 특히 대학의 최고 책임자인 총장이 자주 경질당하는 모습에 신망을 잃었던 것이다. 우간다 대학 규정에 따르면 대학의 모든 힘은 대학 의회에 있어야 하는데 한국의 사립대학처럼 행동하려는 한국 후원단체 때문에 현지인의 반발이 심했다고 한다. 어느 나라에서 일을 하든지 현지인이 주도하는 형식으로 이루어져야 하는데, 한국식 사고방식으로는 이것이 쉽지 않은 것 같았다.

쿠미 병원과의 계약 건은 대주교의 법률자문인이 문제를 제기하여 양해각서 문건을 수정하는 등 작은 진통이 있었지만 결국 3년의 노력 끝에 체결되었다. 어렵게 체결된 양해각서를 우간다의치의사협의회에 제출하면서 2012년에는 의대가 시작될 수 있기를 바랐다. 하지만 한동안 우간다의치의사협의회 담당자와 연락이 되지 않았다. 결국 2012년 4월이 되어서야 커리큘럼을 우간다의치의사협의회 학술위원회에서 발표할 수 있었다. 이 무렵 미국에서 의학 교육을 전공한 이병국 박사도 뜻을 같이하기로 해서 우리의 부족한 면이 많이 보완되었다. 다 함께 협력해서 발표할 슬라이드를 만들었고, 내가 설립학장 자격으로 커리큘럼을 발표했다. 캄팔라 완데게야에 있는 결핵위원회에서 커리큘럼을 발표했다. 우간다의치의사협의회에서는 새롭게 의장이 된 오쿨로 교수를 비롯해 신임 마케레레 의대 학장 마얀자 교수 그리고 우간다의치의사협의회 학술 분야 위원들이 참석했다. 참석자들은 발표한 요점이 분명했다고 평가해주었고, 발표 후에 여러 가지 질문을 받았는데, 비교적 순조롭게 넘어갔다. 두 시간에 걸쳐 진행되었는데, 참석자 대부분이 나를 알고 있어 호의적인 분위기로

쿠미 의대 커리큘럼을 발표하는 모습.

진행되었다. 이들이 고치라고 제안한 부분은 미미한 것들이었다.

　이 우간다의치의사협의회 관계자들이 그해 6월 4~5일 쿠미로 실사를 와서 쿠미 대학교뿐 아니라 학생들이 실습하게 될 쿠미 병원, 응오라 병원 등을 둘러보겠다고 했다. 우간다의치의사협의회에서 대학 실사를 오는 비용은 대학에서 모두 부담해야 했다.

의대 설립 프로젝트 3
예상치 못한 결말

커리큘럼 발표 후 대학 실사를 기다리는 동안 이병국 선생의 주선으로 미국 덴버에 있는 콜로라도 대학교를 방문하게 되었다. 원래는 적은 예산으로 가장 모범적인 의대를 설립했다는 뉴멕시코 대학교를 방문하고자 했으나 중간에 사정이 생겨 행선지가 바뀐 것이다. 2012년 5월 콜로라도 대학교를 방문했다. 실습 센터에 온갖 신기한 장비가 보였다. 환자들을 바로 접촉하면서 의학을 배우는 아프리카 대학들과는 달리 환자 프라이버시를 최대한 보장해야 하는 미국에서나 사용될 수 있는 방법인 것 같았다. 그런 장비들과 교육 시스템이 있으면 좋겠지만 아프리카의 현실과는 동떨어져 있었다. 또 인상 깊었던 것은 도서관의 규모였다. 의대 도서관 하나만 하더라도 마케레레 의대를 전부 합친 것보다 더 커보였다. 미국의 힘이 느껴졌다. 덴버에서 뉴욕으로 건너가 아프리카에서 의대를 추진하는 한국 분들과 만남을 가졌다. 서로가 자료와 재원을 공유하자는 의견에 이견이 없었다.

6월 초에 의대 실사팀이 예정대로 쿠미 대학교를 방문했다. 한국인이 설립하는 의대를 지원하기 위해 주우간다 한국 대사님도 방문하셨고, 그 지역의 유지들과 고등학교 교장들도 참석했다. 우간다의치의사협의회 의장인 오쿨로 교수는 호의적인 연설을 했고, 나는 의대 설립의 취지와 중요성에 대해 발표했다. 이후 실사팀과 함께 의대 시설을 둘러본 후 커리큘럼 및 기타 제반 사항을 의논했다. 실사팀은 의대 설립에 우간다 사람이 더 많이 참여해야 한다며 아테소 지역의 시니어 의사들을 만나보라고 했다.

또 마케레레 해부학 교실의 루보가 교수를 만나 설립에 도움을 받으라고 했다. 그 후 다시 한 번 실사를 오겠다고 했다.

의대 실사팀, 한국 대사님 등과 함께 의대 건물 앞에서.

실사를 마친 후 캄팔라로 돌아와 아테소 지역 의사들의 좌장 격인 오마수아 교수를 찾아갔다. 그는 보건부의 의료서비스 심의관을 마친 후에도 활발하게 활동하고 있었다. 부시테마 대학교 명예총장과 테소 대학교 의회 의장을 맡고 있었다. 오마수아 교수 말로는 아테소 출신 의사들이 쿠미 지역의 실권자인 게르숌 주교와 관계가 좋지 못하다고 했다. 그래서 게르숌 주교가 쿠미 대학교 일에 관여하는지부터 물어보았다. 그 주교가 관여하면 아테소 지역 시니어 의사들은 관여하지 않을 것이라고 했다. 왜냐하면 아테소의 중심 지역인 소로티에 대학을 설립하는 계획이 있었는데 그 과정에서 그 주교와 지역 의사들 사이에 심한 이견이 있었기 때문이었다. 하지만 자신은 쿠미 의대 설립을 적극적으로 지원하겠다고 했다. 아테소 출신 시니어 의사 모임을 마련해달라고 하니 그렇게 하겠다고 했다. 내과의 오팀 교수도 아테소 출신이라 도움을 청하니 적극적으로 도와주겠다고 말했다. 하지만 두 사람 다 적극적으로 나서지 않았다. 이곳 사람들은 대체로 말은 잘하는데 행동이 따르지 않는 경우가 많다.

그들에 비해 마케레레 대학교 루보가 교수는 정말 신사였다. 그는 외과를 전공했으나 해부학 교실의 교수로 지내며 마케레레 의대 부학장으로 일하기도 했다. 교수로 지내면서 신학을 공부해서 우간다 성공회 목사가 되었다. 그는 마케레레와 쿠미 의대 간의 양해각서도 적극적으로 검토해보겠다고 했다. 기초학 교실에 사람들이 부족한 현실을 타개하기 위해 기초학 교실 교수를 양성하는 프로그램을 생각하고 있었다. 그는 언제 한 번 쿠미 대학교를 방문해 조언을 주고 싶다고 했다. 11월이 되었을 때, 루보가 교수와 함께 건강과학대학 교장인 세완캄보 교수를 만나 쿠미 대학교와 마케레레 대학교 사이의 교류를 의논했다. 일단 긍정적인 반응을 얻었고, 루보가 교수가 양해각서 초안을 만들기로 했다. 또 생의학 학부 학장인 찰스 이빈지라 교수를 만나 기초학 교수의 수급 문제를 의논했다. 찰스도 외과의사인데 해부학 교실에서 교수가 되어 기초학과들로 구성된 생의학 학부의 학장이 되었다. 나와의 교분이 있었을 뿐만 아니라 쿠미 의대가 설립이 되면 졸업생이 취직할 수 있는 길이 넓어지기 때문인지 적극적인 자세로 도와주고자 했다.

우간다의치의사협의회가 권장한 대로 아테소 지역 의사들과 루보가 교수를 만났고 이들의 협조를 받기로 했다고 우간다의치의사협의회에 알렸다. 또 찰스가 쿠미 의대 기초학 교수 수급에 협조하겠다는 공식 편지를 써주어 함께 제출했다. 하지만 우간다의치의사협의회에서는 또 늦장을 부렸다. 우간다의치의사협의회의 반응을 기다리는 동안 한국을 방문했다. 이듬해 4월 서울대에 방문해 협조를 구했다. 서울대 의대 학장은 쿠미 대학교에서 박사과정 학생을 두 명 정도 추천해주면 서울대에서 무료로 교육을 시켜주겠다고 했다.

6월 중순이 되었을 때 드디어 우간다의치의사협의회와 우간다 고등교육의원회(NCHE)의 합동 실사팀이 쿠미 대학교를 방문했다. 그들은 준비가 잘 되었다며 칭찬했다. 하지만 아주 사소한 것들을 언급했다. 학장실에 가구가 부족하다, 전자책을 준비한다고 하지만 종이책도 필요하다, 쓰레기 소각장이 필요하다, 실습용 사체를 어떻게 구할 것인가(이미 말했는데도), 장애 학생들을 위해 문 크기를 늘리고 2층에 올라갈 수 있는 경사로를 설치하라, 화장실을 강의실 바로 바깥에 설치하라, 모든 교수를 우간다 의치의사협의회에 등록하도록 하라 등이었다. 교육부에서 나온 심사관은 의대가 아닌 쿠미 대학교 관리에 문제가 있다며 시비를 걸었다. 알아듣게 설명했지만 들을 귀는 없어보였다. 이 모든 것을 정비한 후 다시 보고하라고 했다.

어쨌든 이로부터 의대 설립 허가는 고등교육위원회로 넘어갔다. 고등교육위원회의 대학 인가 담당자인 오토는 합리적인 방향으로 의대 설립을 도우려고 하는 듯했다. 쿠미 대학교에 화장실, 소각장 그리고 실험실을 만들고 있는 동안에 고등교육위원회에서 문제가 발생했다. 위원회 의장이 물러나고 누가 후임이 될지 결정하는 과정에서 권력 분쟁이 일어난 것이다. 당시 챰보고 대학교 부총장이 부정부패 스캔들에 연루되었는데 오히려 승진이라고 할 수 있는 고등교육위원회 의장에 임명이 되어 연일 시끄러웠다. 우간다 일간지에서 이를 대대적으로 보도했다. 이로 인해 고등교육위원회의 거의 모든 사람이 일손을 놓고 그 추이를 지켜보고 있었다. 고등교육위원회에 찾아가 일을 보려고 해도 사무실에는 사람이 거의 보이지 않았다.

이런 와중에 쿠미 대학교 의대 건을 담당하던 오토가 갑자기 영국으로 유학을 가게 되었다. 그는 후임이 잘할 것이라고 했지만 우간다에서는 일의 인수인계가 항상 불분명했다. 아니나 다를까 새로 온 후임은 무슨 일을 해야 하는지 잘 모르고 있었고, 모든 사무를 윗선에 물었다. 그런데 그 윗선에 올루폿이 있었다. 그는 의대 설립에 협조적이지 않았다. 그는 말로는 쿠미 대학교가 정상화되도록 돕고 싶다고 했지만 그가 원한 것은 쿠미 대학교의 총장 자리였다. 대학이 제대로 성장하려면 제대로 된 교수가 있어야 한다며 자신에게 힘을 주면 그 일을 해내겠다고 했다. 그리고 그는 의대 문제에 항상 쿠미 대학교 문제를 제기했다. 심지어 쿠미 대학교 강사들의 월급내역서를 제출하라고 했다. 쿠미 대학교와 의대는 별도의 월급 기준을 가지게 될 것이라고 했지만 막무가내였다. 고향에 의대가 들어서면 지역민이 엄청난 혜택을 누릴 수 있을 텐데 왜 의대 설립에 걸림돌을 거는지 이해가 되지 않았다. 개인적인 이득이 더 중요한 것일까?

실사팀이 요구한 사항을 다 충족한 후 고등교육위원회에 완료 보고서를 보냈지만 연락이 오지 않았다. 의대를 시작해도 좋다는 답신만 받으면 바로 진행을 할 수 있는 상황이었다. 건물과 커리큘럼, 가르칠 교수진도 구성된 상태였다. 그리고 부시테마 의대는 정부의 허락이 나서 의대를 시작한 상태였다. 두 곳 모두 실사한 사람의 말로는 쿠미 대학교의 준비 내용이 훨씬 좋았다고 했다. 그런데 왜 쿠미 의대 설립 인가를 내주지 않는지 알 수 없다.

의대 설립이 막바지에 이른 후에도 지지부진하더니 드디어 큰일이 터졌다. 쿠미 대학교의 집행부가 다시 바뀐 것이다. 새롭게 바뀐 쿠미 대학교의 명예총장과 이사장이 총장으로 열심히 하던 분을 현지인들을 이용하여 밀어내고 학교를 장악하려는 움직임을 보였다. 아프리카에 있는 대학을 인수하면 골치 아픈 일이 많을 텐데 왜 그렇게 하려는지 이해가 되지 않았다. 이로 인해 의대를 추진하던 총장이 사임하고 물러나게 되었다. 결국 의대 설립팀도 작업을 중단할 수밖에 없었다. 쿠미에서 멀지 않은 음발레에 부시테마 의대가 들어섰고, 아테소의 중심지인 소로티에 국립 의대를 설립하고자 하는 지역민의 바람도 있었기에 의대 설립팀은 우간다를 떠나기로 했다. 그동안 들인 시간과 노력이 이렇게 끝나다니, 우간다에서 의대를 추진하던 사람들이나 후원자들 모두 이 결과에 실망을 금할 수 없었다.

의대 설립팀은 쿠미 프로젝트를 접는 대신 대안을 의논했다. 우간다 다른 지역에 의대를 개설하느냐 아니면 다른 아프리카 나라에서 의대를 개설하느냐를 두고 논의했다. 결국 아프리카 남부의 스와질란드에서 의대를 개설하기로 방향을 잡았다. 그리고 우간다에서는 의대 설립을 계획하고 있는 우간다 기독대학교(UCU)를 돕기로 했다. 의대 설립팀이 무코노에 있는 우간다 기독대학교로 가서 총장과 관계자들을 만났다. 그곳에는 이미 의료와 관련된 네 개 학과가 있고, 이들을 통합해서 단과대학을 설립하자는 말이 나왔다고 했다. 이들 과에서는 의대를 설립하자는 의견에 모두가 동의하고 있고, 무코노 교구 보건소와 캄팔라에 위치한 멩고 병원을 기반으로 의대 설립을 추진하려고 했다. 이들에게 쿠미 의대 설립을 위해 만든 커리큘럼을 참조하라고 건네주었다. 이것이 공식 또는 비공식적으로 나의 쿠미 의대 설립학장으로서의 마지막 일이었다.

우간다에 남느냐
떠나느냐

코이카 중장기 자문단은 3년까지 일할 수 있다. 2011년에 시작한 자문단 일이 2014년 7월에 만기되었다. 나는 여전히 우간다에 머물길 원했다. 코이카에 문의해보니 연말에 다시 중장기 자문단 모집이 있으니 그때 지원하라는 답을 받았다. 모집 공고를 기다리는 동안 스와질란드를 방문했다. 스와질란드로 이미 옮겨간 의대 설립팀에서 함께해줄 것을 부탁했기 때문이었다. 스와질란드에는 나라 전체에 의대가 하나도 없다. 이 때문에 의료의 질이 형편없다. 조금이라도 중한 환자가 있으면 이웃 나라인 남아공으로 보내야 한다. 직접 가서 보니 반드시 의대가 설립되어야 하는 곳임을 실감했다. 하지만 우간다에도 내 손길을 기다리는 사람들이 많았다. 갈림길에 서서 고민을 했다. 우간다에 남느냐, 떠나느냐.

물라고 병원과 마케레레 대학교에서도 내가 계속 남아주기를 원했다. 병원장은 나만 보면, 내가 계속 병원에서 일하게 하려면 어디에 편지를 써야 하느냐고 물었다. 나는 웃으며 다시 지원할 것이라고 했다. 행선지에 대한 결정은 연말에 있을 자문단 지원 결과에 따르기로 했다. 나는 자문단 모집에서 떨어질 확률은 거의 없다고 보았다. 한 가지 걸림돌은 우간다에서 에볼라 출혈열 환자가 발생할 가능성이었다. 에볼라 환자가 발생한 지역으로 코이카 봉사단을 보내지 않을 것이 뻔한데 우간다에 환자가 발생하면 파견 인력을 모집하지 않을 것이기 때문이었다. 다행히 2014년에는 우간다에서 에볼라 환자가 발생하지 않았다. 서부 아프리카에서 일하던 우간다 외과의사가 에볼라 출혈열에 걸리기는 했지만 그는 자신이 일하던 나라에 머물러 있었다. 연말 코이카 모집 공고에 우간다 물론 병원 호흡기 내과 전문의도 들어 있었다. 하지만 막상 중장기 자문단에 지원했을 때 서류 심사를 통과하지 못했다. 자세한 이유는 알고 싶지 않았다. 다른 나라에서 나에게 맡겨진 새로운 일이 기다리고 있을 테니까. 결국 우여곡절 끝에 스와질란드를 거쳐 에티오피아로 가게 되었다. 에티오피아는 인구로 보면 아프리카에서 두 번째로 큰 나라다. 무척 어렵고 많은 일이 나를 기다리고 있을 것이다.

23년간 활동했던 우간다를 떠났다. 1992년 6월에 우간다에 도착했을 때 내 나이 32세였다. 우간다에서 내 인생의 황금기를 보냈다. 막상 내 젊음과 꿈이 함께했던 그곳을 떠나는 것이 쉽지 않았다. 태어나서 지금까지 한 도시에 20년 이상 머문 곳은 캄팔라가 유일했다. 너무나 아름다우면서도 문제가 많은 곳이지만 이젠 이렇게 말할 수 있다. "우간다가 내 고향이다." 고향을 떠난 사람들은 언제든지 고향으로 돌아올 수 있다. 나도 영주권이 있기에 우간다로 돌아올 수 있다. 언제가 될지 모르겠지만 다른 나라에서의 일이 마무리되면 이곳으로 돌아와 인생을 마무리하고 싶다.

나가는 말

우간다에서 배운 철학: 낮아짐의 축복

우간다에 도움을 주려고 갔지만 오히려 많은 것을 배웠다. 그중에 백미는 낮아짐에 행복이 있다는 것이다. 세상 사람 대부분은 높아지려고 한다. 성공의 계단을 오르기 위해 수단과 방법을 가리지 않는 사람도 많다. 정상에 오른 사람도 없지는 않을 것이다. 하지만 정상에 오르면 행복해질까? 정상에 이르렀을 때의 정복감은 잠시뿐이고 그다음은 더 이상 오를 곳이 없기 때문에 내려오는 길뿐이다. 정상에 오른 사람들 가운데 이 사실을 알면서도 자신의 자리에 연연하며 노심초사하는 사람이 많다. 높은 곳을 지향하는 사람들은 떨어질 위험이 있지만 낮은 곳을 지향하는 사람들은 떨어져 크게 다칠 일이 없다. 다칠 위험이 없으니 불안하지도 않다. 이 낮아지는 삶은 겸손한 삶이요, 자기를 희생하는 삶이다. 이 삶은 이웃을 사랑하고 봉사하는 삶이다.

사실, 내게는 자존심이라는 큰 병이 있었다. 어릴 때는 자존심 하나로 버텨온 적이 많았다. 자존심이 힘든 상황과 유혹의 순간에 나를 어느 정도 지켜줄 수 있는 힘이 되기도 했다. 하지만 그때는 다른 사람을 진정으로 이해할 수도, 사랑할 수도 없었다. 아프리카에서 지내는 동안 높아지고자 하는 본성 때문에 많이 힘들었다. 거의 사반세기를 보낸 후에야 낮아짐에 진정한 행복이 있음을 깨달았다. 결핵에 걸려보고, 에이즈 환자를 찌른 바늘에 찔려보니 그들의 고통이 마음에 와 닿았다. 자녀 학비가 부담이 되었을 때, 자녀 학비 때문에 힘들어하는 이들의 마음과 하나될 수 있었다. 열악한 의료 환경 때문에, 더욱이 큰딸이 생사의 갈

림길에 놓였을 때 진정으로 그들의 고통이 내 고통이 되었다. 이런 고난 덕분에 나는 진정 그들의 친구가 될 수 있었다. 아니 그들을 사랑하게 되었다.

나는 삶이 허락할 때까지 이곳, 아프리카에서 최선을 다해 힘없고 억울한 사람들을 위해 의료 봉사를 할 계획이다. 내가 그들을 치료한 것처럼 보이지만 실상은 그들을 통해 내가 치유받았기 때문이다. 내 병의 처방전은 낮아짐이었다. 이 글을 읽는 독자들에게 평강이 임하길 바란다.

우간다에서 23년
23 years in Uganda

2016. 3. 3. 초판 1쇄 인쇄
2016. 3. 10. 초판 1쇄 발행

지은이 유덕종
펴낸이 정애주
국효숙 김기민 김의연 김일영 김준표 김진원 박세정
박혜민 송승호 오민택 오형탁 윤진숙 이한별 임경혜
임승철 정성혜 조주영 차길환 한미영 허은
펴낸곳 주식회사 홍성사
등록번호 제1-449호 1977. 8. 1.
주소 (04084) 서울시 마포구 양화진4길 3
전화 02) 333-5161
팩스 02) 333-5165
홈페이지 www.hsbooks.com
이메일 hsbooks@hsbooks.com
트위터 twitter.com/hongsungsa
페이스북 facebook.com/hongsungsa
양화진책방 02) 333-5163

ⓒ 유덕종, 2016

ISBN 978-89-365-0334-5 (03930)